KB196252

행동하지 않으면
인생은 바뀌지 않는다

위대한 변화를 이끌어내는 **아주 작은 실행의 힘**

행동하지 않으면
인생은 바뀌지 않는다

UNSTOPPABLE

브라이언 트레이시 지음 | **정지현** 옮김

현대
지성

당신의 인생은 이미 변화하기 시작했다

켈리 최(『웰씽킹』 저자)

✳

한때 성공 가도를 달리던 내 인생은 사업 실패로 순식간에 뒤집어졌고 나는 크나큰 절망을 경험했다. 이후 다시 일어설 힘을 찾기 위해 부자들의 습관을 치열하게 연구했고, 그 과정에서 브라이언 트레이시를 만났다.

그의 책과 강연은 삶의 새로운 지표가 되었다. 명확한 목표 설정과 그에 따른 행동이라는 핵심 가르침을 따라 나는 이상적인 미래를 시각화하고 매일 작은 실천을 쌓아갔다. 그러자 놀랍게도 내 삶은 상상 이상의 속도로 변화하기 시작했다.

『행동하지 않으면 인생은 바뀌지 않는다』는 당신을 원하는 삶으로 이끌어줄 멘토 같은 책이다. 세계적인 성공학 거장 브라이언 트레이시는 지난 40년간 뛰어난 성과를 내고 목표를 달성한 기업과 개인을 연구해왔다. 그가 밝힌 끊임없는 성공의 비밀은 다름 아닌 '행동'이다. 이 책에는 그가 직접 실천하고 지금의 자리에 오르며 몸소 증명해낸 구체적인 성공법이 담겨 있다. 목표를 명확히 설정하는 법, 커다란 목표를 작은 단계로 나누어 매일 조금씩 완수하고 성취 경험을 쌓는 법, 최고의 업무 효율을 내는 시간 관리법 등 그의 조언을 적용한다면 어느새 인생이 180도 달라져 있을 것이다.

브라이언 트레이시의 가르침대로, 행동하지 않으면 인생은 바뀌지 않는다는 단순한 진리를 온몸으로 체험한 나는 웰씽킹 100일 끈기 프로젝트 등 다양한 프로그램을 통해 성공의 비밀을 전파하고 있다. 이 책은 나에게 그랬듯이 독자들에게도 성공의 멘토가 되어줄 것이다. 이 책을 읽는 것만으로도 당신의 인생은 이미 바뀌기 시작했다.

지금 당장 행동할 용기를 준다

주언규(『슈퍼노멀』 저자)

성공 마인드는 타고나는 것이 아니라 스스로 만들어가는 것이다. 이 책은 우리 내면의 제한된 생각과 잠재의식을 극복하는 방법을 알려준다. 나 자신을 믿고 작은 행동부터 시작해 조금씩 앞으로 나아가는 감각을 즐길 때, 목표 달성은 물론 성공을 향한 자신감으로 무장된다고 말한다. 매일의 작은 루틴에서 출발해 행동력을 기르고, 그로부터 자신감을 얻는 과정이 성공으로 이어진다는 사실을 설득력 있게 풀어냈다. 진짜 동기부여는 미세한 진전을 느끼는 것이라고 하면서 지금 당장 행동하도록 용기를 준다.

이 책의 가장 큰 장점은 복잡하거나 추상적인 개념들을 매우 쉽게 풀어냈다는 것이다. 누구나 머릿속으로는 이해하고 있지만 말로 설명하기 어려웠던 성공 메커니즘을 명쾌하게 정리했다. 또한 거창하지 않고, 바로 시작할 수 있는 소소하지만 확실한 방법들로 성공에 대해 이야기한다.

저자의 메시지는 분명하다. 우리가 움직이고 배워 준비된 순간, 성공은 자연스럽게 우리를 찾아온다는 것이다. 그렇다. 성공은 쫓아가는 것이 아니라 나에게 다가오게 만들어야 한다. 만약 당신이 성공을 꿈꾸지만 실천하지 못하고 있다면 이 책은 분명 좋은 길잡이가 되어줄 것이다. 저자의 자신감이 고스란히 담긴 이 책을 통해 당신도 자신감을 얻고 성공에 한 걸음 더 가까워질 수 있을 것이다.

들어가며

오직 행동만이 당신을 원하는 곳으로 데려다준다

"세상에는 행동보다 말이 더 많다."

미국의 전설적인 풋볼 코치이자 동기부여 전문가인 루 홀츠 Lou Holtz가 남긴 말이다. 이 말은 우리가 직면한 현실을 정확히 짚어낸다. 많은 사람이 큰 성공을 거두고 영향력을 행사하며 행복한 삶을 살고 싶다고 말한다. 하지만 실제로 그 목표를 향해 필요한 행동을 실천하는 사람은 극히 드물다.

성공은 매력적인 꿈이다. 하지만 성공에 도달하기 위해서는 지난하고 힘든 시간을 견뎌야 한다. 순간순간의 만족감을 포기해야 하는 것은 물론이고 인생의 문제를 맞닥뜨렸을 때 손쉬운 해결책에 기대고 싶은 유혹도 이겨내야 한다. 당장 성과가 눈에 보이지 않을지라도 묵묵히, 끈기 있게 걸어가야 한다.

그 힘든 시간을 견디게 하는 힘은 과연 어디에서 나올까? 왜 어떤 이는 힘든 시간을 잘 견디고 성공하는데, 어떤 이는 좌절하고 현실에 안주하는가? 그 차이는 동기부여Motivation에서 온다. 동기부여는 우리가 꿈꾸는 성공이라는 목적지를 향해 뚜벅뚜벅 걸어가게 하는 연료와 같다. 만약 목표 달성에 필요한 동기가 자연스럽게 생기고 일상에 완전히 녹아든다면 당신의 삶은 어떻게 달라질까? 더 이상 동기부여 강의나 좋은 글귀를 찾아다닐 필요 없이, 더 나은 삶을 향한 행동이 습관이 된다면? 그때는 어떤 어려움도 신속히 극복하고 끊임없이 성장하는 삶을 살게 될 것이다.

이 책에서 나는 한 가지 중요한 진실을 밝힐 것이다. "동기부여는 통제 불가능하며 변덕스럽다"라는 일반적인 믿음은 완전히 잘못되었다는 것이다. 누구나 스스로 동기를 만들어낼 수 있으며, 때로는 행동 자체가 새로운 동기가 되어준다는 사실을 깨닫게 될 것이다. 최근 동기부여에 관한 과학적 연구가 활발히 이루어지고 있다. 이 책에서 소개하는 다양한 연구 결과와 실제 사례들을 통해 배운 것을 실천한다면, 반드시 당신이 원하는 결과를 얻게 될 것이다.

나는 개인의 성장과 기업의 성공을 연구하는 세계적 전문가로서, 오랜 시간 성공의 본질을 연구해왔다. 500만 명 이상의 청중을 대상으로 5,000회가 넘는 강연과 세미나를 진행했으며, 전 세계 주요 기업가들과 리더들의 코치로 활동하고 있다. 내가 지난 40여 년 연구해온 실행력과 동기부여의 비밀을 담은 이 책의 메시지를 삶에 적용한다면, 당신의 꿈은 더 이상 꿈이 아닌 운명이 될 것이다.

브라이언 트레이시

차례

추천의 글   6

들어가며 오직 행동만이 당신을 원하는 곳으로 데려다준다   9

 1장 **무엇이 당신을 안주하게 하는가**

그것이 무엇이든 원하면 배울 수 있다   18

인생의 모멘텀을 바꾸는 방법   22

출신과 배경을 탓하지 말라   26

"책임은 나에게 있다"   28

컴포트존에서 벗어나라   32

신중하게 결정하라   36

수입을 두 배로 늘리고 싶다면   39

실행 프로젝트 나의 잠재력을 발견하기   44

 2장 **한 번에 인생 전체를 바꿀 필요는 없다**

자아개념을 재정립하라   49

좋은 하루는 저절로 찾아오지 않는다   53

동기부여에 대한 2가지 착각   57

중간에 포기하는 당신이 잊지 말아야 할 것들   62

너무 당연해 자주 간과되는 성공 메커니즘   65

실행 프로젝트 긍정적인 자아개념 확립하기   70

3장 성공을 가속화하는 성장 마인드셋

낡은 믿음을 버려야 인생의 액셀을 밟는다 77

때론 행동이 믿음을 결정한다 80

생각의 메커니즘 바로 알기 84

자기 제한적 믿음에서 벗어나는 법 88

실행 프로젝트 성공 마인드셋 설정하기 96

4장 목적지를 정해야 출발할 수 있다

목표를 세우고 실행하는 7단계 프로세스 101

나를 주어로, 현재 시제로, 긍정문으로 110

위기에 무너지는 사람 vs 위기를 견디는 사람 112

성공하는 사람들의 7가지 습관 116

실행 프로젝트 3P 기법으로 목표 세우기 120

5장 빠르게 시도하고 유연하게 대처하라

현실 안주, 무기력이라는 감옥에서 벗어나려면 126

정말 중요한 것만 남기는 기술 139

실행 프로젝트 행동을 단순화하기 143

6장 **나 자신의 첫 번째 후원자가 되라**

모두가 안 된다고 할 때 되게 하는 마법 149

3단계 긍정 확언 훈련 153

부정적인 생각이 떠오르면 질문하라 160

긍정 확언의 힘 163

실행 프로젝트 목표를 이상화, 시각화, 언어화하기 167

 7장 **멀리 보아야 멀리 간다**

마시멜로 실험과 만족 지연 173

장기적 목표가 없을 때 생기는 일 177

매일 성실하지 않으면 멀리 볼 수 없다 182

사분면 시간 관리법을 활용하라 186

실행 프로젝트 나만의 시간 관리 사분면 그리기 192

 8장 **실패하지 않는 것이 가장 큰 실패다**

첫술에 배부른 사람은 없다 198

빠르게 실패할수록 빠르게 성공한다 201

절체절명의 순간에 필요한 태도 204

3퍼센트에 불과한 확률에도 대비하라 212

실행 프로젝트 문제를 예측하고 대비하기 215

9장 성장을 이끄는 리더가 되라

탁월한 기업이 하는 동기부여 221

조용한 퇴사를 막는 방법 224

팀원이 하는 일을 알아야 한다 230

자비로운 독재자형 리더가 성공한다 234

좋은 리더는 만들어진다 239

실행 프로젝트 핵심 가치, 목표, 기한에 맞추어 업무 계획하기 242

 10장 성공을 자동화하는 루틴의 힘

충분히 숙면하라 246

아침에는 운동하라 249

책으로 명상하라 252

우선순위를 정하라 253

도파민 중독에서 벗어나라 256

건강한 식습관을 들여라 259

주변 사람에게 애정을 쏟아라 261

멈춤 없이 성장할 당신에게 건네는 마지막 조언 265

실행 프로젝트 나만의 루틴 만들기 268

1장

무엇이 당신을
안주하게 하는가

"우리에게는 백 번을 살아도
다 쓰지 못할 잠재력이 있다."

—데니스 웨이틀리(심리학자, 리더십 트레이너)

"당신이 있는 곳에서, 당신이 가진 것으로,
당신이 할 수 있는 일을 하라."

—시어도어 루스벨트(제26대 미국 대통령)

지금 나는 어디에 가도 성공했다고 당당히 이야기한다. 그러나 나의 시작은 말할 수 없이 초라했다. 나는 고등학교조차 졸업하지 못하고 힘든 노동직으로 사회생활을 시작했다. 내 첫 직장은 작은 호텔의 레스토랑이었고 그곳에서 접시닦이를 했다. 성장기 내내 부모님으로부터 성공하지 못할 것이라는 소리를 들으며 자랐다. 잘못된 행동이나 실수에 대해 지적받기만 했을 뿐 그 과정에서 점차 나아질 것이라는 동기부여는 전혀 받지 못한 것이다.

제대로 교육받지 못했으니 절대 성공할 수 없을 것이라는 말도 귀에 못이 박히도록 들었다. 고등학교를 나오지 못하면 대학에 진학할 수 없고, 대학에 못 가면 좋은 직업을 얻지 못하며, 좋은 직업을 얻지 못하면 좋은 사람과 결혼할 수 없고, 결국 평생 고생스럽게 살아야 한다고 했다. 이는 종종 아이들에게 열심히 공부하라는 뜻으로 사용되는 협박성 멘트이기도 하다.

안타깝게도 나는 이 말들에서 다른 메시지를 받아들였다. "한

번 교육의 기회를 놓쳤으니 영원히 기회를 얻을 수 없고, 평생 고된 일만 해야 한다"라는 것이었다. 실제로 내 20대 초반은 그렇게 흘러갔다. 여러 노동직을 전전하는 동안 내 머릿속에는 한 가지 생각만이 맴돌았다. '고등학교 졸업장도 없는 내가 할 수 있는 건 평생 이런 힘든 일뿐이겠지.'

얼마 뒤 나는 목공소에서 일하기 시작했다. 우거진 숲에서 체인톱을 들고 힘겹게 나무를 잘랐다. 이후로도 비슷한 일을 전전했다. 농장과 목장에서 일했고 공장에서도 일했다. 모두 최저임금을 받는 막노동이었다. 당시 최저임금은 지금보다 훨씬 낮았음은 물론이다. 그러다 경제 불황으로 막노동 일자리조차 구하기 어려워지자 나는 우연히 세일즈를 시작했다. 집집마다 찾아다니며 물건을 팔고 판매 수수료만으로 소득을 올리는 일이었다.

그것이 무엇이든 원하면 배울 수 있다

세일즈는 내 인생의 터닝 포인트가 되었다. 같은 업체에서 똑같은 제품을 파는 한 동료가 다른 사람들보다 돈을 10배 이상 번다는 사실을 알아챘을 때였다. 심지어 그는 내가 보기에 열심히 일하는 것 같지도 않았다.

반면 나는 아침 6시부터 일어나 부지런히 준비했다. 다른 동료들이 출근하는 8시 30분쯤에는 벌써 집집마다 찾아가 문을 두드리고 있었다. 하루 종일 돌아다니며 문을 두드리고, 때로는 밤에도 나가서 더 두드렸다. 그렇게 열심히 일해도 나의 실적은 하루에 겨우 한 건이 될까 말까 했다.

그런데 그 사람은 하루에 네다섯 건의 실적을 거뜬히 올리는 것이 아닌가. 옆에서 지켜본 결과 그는 아침 9시 30분에 일을 시작해 오후 4시 30분이면 모든 영업을 마치고 저녁마다 술집이나 클럽으로 향했다. 나보다 고작 서너 살 정도 많아 보였는데 항상 수중에 돈이 많고 여유가 있어 보였다. 상당히 태평스러워 보였지만 적어도 천재 같지는 않았다. 그냥 평범하고 좋은 사람처럼 느껴졌달까. 어느 날 나는 그에게 단도직입적으로 물었다.

"어떻게 매일 그렇게 큰 실적을 올리는 건가요?"

"당신의 세일즈 프로세스를 말해봐요. 그러면 내가 분석을 해줄게요." 그가 말했다.

"세일즈 프로세스? 저한테는 그런 게 딱히 없는데요."

"세일즈 프로세스가 없다고? 이봐요, 세일즈 프로세스는 레스토랑의 요리법과 마찬가지예요. 유명한 셰프가 요리법도 없이 어떻게 좋은 메뉴를 내놓겠어요?"

그의 말을 듣고 그제서야 나의 영업 방식을 되짚어보았다. 나는 누구든 잠재 고객을 만나면 최대한 빠른 속도로 말을 늘어놓는다고 고백했다. 고객이 "거기 두고 가시면 시간 될 때 보고 연락할게요"라며 내 말을 막지 못하도록 하기 위해서였다.

"아니, 잠시만요. 그러면 안 되지요."

내 말을 듣던 그가 말했다.

"우선 잠재 고객과 실제 구매 가능성이 있는 가망 고객을 구분해야 합니다. 제품이 진정으로 필요한 사람인지 파악할 수 있는 질문부터 시작하세요."

그는 자신의 세일즈 프로세스를 설명해주었다. 지극히 기본적인 것이지만 당시 나에게는 매우 새로웠다. 그가 말한 기본 원칙은 고객을 만나면 일단 질문하는 것이었다. 나는 그의 조언을 따라 질문했고 조금씩 실적을 올렸다.

"덕분에 실적이 오르고 있어요. 제가 할 수 있는 일이 또 뭐가 있을까요?"

그는 잠시 생각하더니 답했다.

"영업이나 판촉에 관한 책을 한번 읽어보는 건 어때요?"

나는 그런 책이 있다는 것도 그때 처음 알았다. 바로 서점으로 달려가 세일즈와 관련된 책을 몇 권 사왔다. 그리고 중요한 부분에 밑줄을 그으며 처음부터 끝까지 꼼꼼히 읽었다. 그 과정에서 영업과 관련된 오디오 프로그램이 있다는 사실을 알게 되었다. 나는 시간 여유가 생길 때마다 오디오 카세트를 들었다. 심지어 판촉 통화 사이사이에도 들었을 정도였다. 물건을 방문 판매할 때마다 카세트에서 듣고 배운 내용을 되새기며 실제 영업에 적용하려고 노력했다.

난생처음으로 강연회에도 가보았다. 그곳에서 나는 인생을 바꾸는 깨달음을 얻었다. 성공에 필요한 모든 지식과 기술은 후천적으로 배울 수 있다는 단순하지만 강력한 진리였다. 누구나 목표 달성을 위해 필요한 것들을 배울 수 있다는 사실 말이다.

그때까지 나는 노동직을 전전하며 해고당했던 쓰라린 경험들로 인해, 스스로 아무것도 이룰 수 없을 거라 단정 지어버렸다. 평생 가난하게 살며 친구들 집을 전전하는 것이 내 운명이라고 믿었다. 그러나 이 강연을 통해 번개처럼 깨달았다. 운명은 내가 만들어가는 것이며, 성공에 필요한 모든 것은 배움으로써 얻을 수 있다는 사실을! 이 단순한 깨달음은 보잘것없던 나에게 엄청난 동기부여가 되었고, 그로 인한 행동의 변화는 지금까지도 내 삶의 원동력이 되고 있다.

이후 나는 흥미를 끄는 주제를 발견하면 앞뒤 가리지 않고 달려들었다. 요즘은 서점에 가지 않는 대신 아마존에서 해당 주제에 관해 가장 평점이 높은 책을 찾아 구매한다. 그리고 처음부터 끝까지 새카맣게 밑줄을 치며 읽는다. 내 직업은 컨설턴트이고 수많은 청중 앞에서 강연하는 일이 다반사이기에 책에서 얻은 통찰을 유용하게 사용한다. 그러면 청중 대부분은 생각지도 못한 아이디어를 얻었다며 "그런 식으로 생각해본 적은 없는데, 덕분에 생각을 바꾸는 계기가 되었어요"라고 말한다.

예전에 스톡홀름에 사는 한 고객이 내 강연에 참석하고 1년 정도 지난 어느 날 갑자기 연락을 해온 적이 있다. 그는 즐거운 목소리로 말했다.

"선생님의 강연에서 얻은 아이디어 덕분에 치열한 시장 경쟁에서 살아남아 지난 1년 사이에 크게 성장할 수 있었습니다! 말씀하신 대로 비즈니스 포인트를 바꾸었습니다. 고객을 만족시켜 그 고객이 자발적으로 주변 사람에게 우리 회사를 추천하도록 말이지요. 이렇게 고객을 만족시키는 데 초점을 맞추니 매출이 15배나 오르더군요. 500달러를 내고 참석한 선생님의 강연이 수백만 달러의 가치를 창출해주었습니다."

하버드를 비롯한 여러 유수의 대학교에서 선천적인 지능과 우수한 성적이 성공에 미치는 영향에 대한 연구를 지속적으로 진행하고 있다. 하지만 결과적으로 그중 어떤 요소도 성공과 직접적인 연관성을 보이지 않았다. 학위도, 언어 능력도, 재산도 없이 빈털터리로 미국에 와서 백만장자가 된 사람은 정말 많다. 가난한 농가에서 태어난 사람이 세계적인 기업을 이끄는 위대한 경영인이 되기도 한다. 그런가 하면 부유한 집안에서 나고 자랐지만 이렇다 할 업적을 남기지 못하고 단순 노동을 전전하며 하루 벌어 하루 먹고사는 사람도 있다.

일련의 경험과 연구 결과를 통해 내가 내린 결론은 이렇다. 성공은 교육, 기술, 집안 심지어 운과도 아무런 연관이 없다. 성공은 전적으로 개인의 행동에 의해 좌우된다. 그리고 모든 개인에게는 특별한 일을 해낼 능력이 있다. 그저 그 방법을 배우기만 하면 된다. 지금부터 나는 당신을 그 '방법'으로 이끌 것이다.

인생의 모멘텀을 바꾸는 방법

세간에는 타고난 재능, 뛰어난 두뇌, 좋은 교육이 성공을 이루

는 충분조건이라는 속설이 있다. 물론 어린 시절의 환경이나 타고난 조건은 매우 중요하지만 그것이 당신의 미래를 전적으로 결정하는 것은 아니다. 나는 20대 초반에 심리학자 에이브러햄 매슬로Abraham Maslow의 책을 우연히 접하고 처음부터 끝까지 독파했다. 그 책에 따르면 평범한 사람들도 모두 특별한 잠재력을 지니고 있다.

대개 인간은 자신이 지닌 잠재력의 10퍼센트 정도만 사용한다고 알려져 있지만 사실은 2퍼센트도 채 쓰지 못하는 사람이 대부분이다. 세계적인 경영 컨설턴트이자 『성공의 10대 원리』(백만문화사, 2012)를 쓴 행동심리학 박사 데니스 웨이틀리Denis Waitley는 다음과 같이 말했다. "우리는 백 번을 살아도 다 쓰지 못할 잠재력을 지니고 태어났다."

어떻게 사는 동안 잠재력을 최고조로 끌어낼 수 있을까? 그 열쇠는 당신의 자아에 있다. 자기 자신에 대해 어떻게 생각하고 느끼고 바라보는지가 무엇보다 중요하다. 개인의 성공은 전적으로 내면의 자아가 스스로를 어떤 사람이라고 생각하는지에 달려 있는 것이다. 따라서 성공하기 위해서는 자기 자신에 대한 인식을 가장 먼저 바꾸어야 한다.

당신의 자아는 어린 시절 부모가 당신을 대하는 방식에 의해 처음 형성된다. 심리적으로 불안정한 사람의 자아상은 불행했던 어린 시절에서 비롯된 것이다. 영국의 시인 알렉산더 포프Alexander Pope는 "어린 가지가 구부러질수록 나무도 기울어진다"라고 했다. 어렸을 때부터 부정적인 생각에 노출되면 나이가 들수록 점점 더 부정적으로 변할 수밖에 없다. 그렇다고 어린 시절의 양육 환경만 탓하고 있을 수는 없는 노릇 아닌가? 1인분의 삶을 오롯이 책임지는 어른이 된 이상, 자기 자신에 대한 긍정적인 인식과 잠재력에 대해 열린 마음을 지녀야 한다.

나는 젊은 시절 우연히 접한 긍정심리학자 마틴 셀리그만Martin Seligman의 연구에 큰 영향을 받았다. 그는 낙관주의가 성공과 행복을 예측하는 가장 중요한 요인이라고 말했다. 자신의 낙관성 정도는 인터넷의 간단한 테스트로 측정할 수 있다. 주기적으로 이를 체크하며 삶에 대한 태도 변화를 확인해보는 것도 좋은 방법이다.

당신의 배경과 현재 상황이 어떻든 언젠가 분명 홀로 운전석에 앉아야 하는 순간이 온다. 인생이라는 차의 운전대를 잡고 어디로 향할 것인지 선택해야 하는 것이다. 어떤 마음으로 어떻게 바라보고 어떤 길을 선택할지는 모두 당신에게 달렸다. 당신이 허락하지 않는 한 과거의 어떤 것도 지금의 당신에게 아무런 영향을 끼치지 못한다는 사실을 늘 기억하길 바란다.

다음은 내가 자신의 잠재력을 이끌어내는 방법에 관한 강연을 시작할 때 청중에게 던지는 질문들이다.

1 "나는 ~이다"라는 문장을 완성해보세요. 가장 먼저 어떤 단어가 떠오르나요?

2 "사람은 ~하다"라는 문장을 완성해보세요. 가장 먼저 어떤 단어가 떠오르나요?

3 "인생이란 ~이다"라는 문장을 완성해보세요. 당신에게 삶이란 무엇인가요?

1번은 당신의 자아상과 스스로에 대한 평가를 묻는 질문이다. 어떤 사람은 "나는 행복한 사람이다. 좋은 아버지(또는 어머니)이자 무한한 잠재력을 지닌 괜찮은 사람이다"라고 묘사한다. 아주 좋은 자아개념이다(자아개념에 대해서는 다음 장에서 자세히 설명하겠다). 좋은 자아개념은 살면서 겪는 대부분의 고난과 역경을 극복할 힘이 된다. 반면 어떤 사람들은 이렇게 답한다. "나는 지극히 평범한 사람이다. 내 인생에는 해결해야 할 문제가 끊이지 않는다. 나는 하루하루를 버티듯 살아간다." 두 사람은 완전히 다른 세상에서 판이하게 다른 관점으로 살아간다. 사실이야 어떻든 간에 확실히 말할 수 있는 것은 인생에 대한 관점은 누구나 스스로 선택할 수 있다는 것이다.

2번 질문에도 마찬가지로 상반된 대답이 나오곤 한다. 낙천적인 사람이라면 긍정적으로 대답한다. 이를테면 "모든 사람은 흥미롭고 놀랍다. 제각각 다르기에 더 매력적이다"라고 말한다. 반면 부정적인 사람은 심드렁한 목소리로 말한다. "사람은 원래 악하다. 믿을 수 없는 존재이기에 항상 조심해야 한다."

마지막 질문도 그렇다. 사회적 문제나 물의를 일으키는 사람들은 세상이 불공평하고 인생은 태어나는 순간부터 결말이 정해져 있다고 생각한다. 반면 성공하는 사람들은 "인생은 그 자체로 아름답고 멋진 모험이다. 그 무엇도 삶을 대신할 수 없다.

내 삶은 날이 갈수록 더 좋아지고 있다. 나는 온전히 원하는 대로 살아간다"라고 말한다.

결국 세상을 바라보는 관점이 인생의 방향을 결정한다. 언제든 마음만 먹는다면 방향을 틀 수 있다는 것은 매우 희망적인 일이다. 마치 막힌 도로에서 핸들을 꺾어 고속도로로 진입하듯, 우리의 삶도 언제든 새로운 길을 선택할 수 있다. 한 사람의 인생에서 가장 큰 변화는 새로운 생각을 접하고 받아들일 때 일어난다. 자, 이제 내가 새로운 생각을 제시하겠다. 받아들일 준비가 되었는가?

출신과 배경을 탓하지 말라

나는 영감을 얻기 위해 다양한 강연을 찾아 듣곤 한다. 한번은 자산이 1억 달러가 넘는 어떤 여성 기업가의 강연을 들었다. 미국의 많은 사람들이 즐겨 보는 일종의 사업 오디션 프로그램인 《샤크 탱크Shark Tank》에도 출연한 사람이었다. 그녀는 인생철학이 무엇이냐는 진행자의 질문에 이렇게 답했다.

"제 부모님은 항상 저에게 무엇이든 할 수 있다고 말해주셨어요. 제가 달성할 수 있는 일에 한계가 없다고 말이지요. 저는 그 말을 전적으로 믿으며 자랐고, 살아보니 정말 그랬습니다. 원하는 일은 무엇이든 해낼 힘이 제게 있었어요."

당신에게 용기를 불어넣거나 큰 영향을 미치는 이들은 당연히 가장 가까운 주변 사람들이다. 가족, 친구, 직장 동료, 상사가 그에 속하고 넓게 보면 사회도 그 범주에 든다. 이들은 당신에게 긍정적이거나 때로는 부정적인 영향을 준다. 당신이 성공을 위해 분투하거나 무언가 특별한 일을 시도할 때 어쩌면 가까운 지인들이 당신을 방해할 수도 있다. 사회 문제가 개인의 의욕을 꺾을 때도 있다. 미디어는 부정적인 뉴스가 잘 팔린다는 전제하에 만들어지기 때문에 언제나 자극적인 사건을 더 많이 다루기 마련이다. 간혹 편향되고 암울한 메시지를 전달해 사회 구성원의 의지와 마음가짐을 평균 이하로 끌어내리는 것이 그들의 임무인 것처럼 보일 지경이다. 인간은 누구나 일상에서 접하는 소식에 동요될 수밖에 없기에 자신이 누구인지 정확히 알고 확고하게 중심이 잡혀 있지 않으면 주변에 의해 흔들릴 수밖에 없다.

우리의 주변 환경은 감정의 수영장과 같다. 당신은 그 안에서 헤엄치는 물고기다. 그러므로 환경을 통제해서 물을 깨끗하게 유지해야 한다. 조사 결과에 따르면 고소득층의 하루 평균 TV 시청 시간은 고작 1시간이다. 그들은 무엇을 볼지 신중하게 선택해 긍정적이고 교훈을 주는 프로그램을 본다. 반면 저소득층은 하루에 5시간 이상 마구잡이로 말초적이고 소모적인 프로그램을 보며 온갖 부정적인 자극에 노출된다. 당신이 지금 즐기고 있는 프로그램은 무엇인가? 당신의 감정을 맑고 깨끗하게 만들어주는가?

생각해보면 우리는 인류 역사상 가장 좋은 시대를 살고 있다.

인간의 수명은 길어졌고 이전보다 편리한 삶을 영위한다. 개인이 노력만 한다면 건강하게 백 세까지 살 수도 있다. 물론 오늘날에는 과거라면 전혀 걱정하지 않았을, 이를테면 환경 오염이나 정보 기술로 인한 사생활 침해 같은 문제도 많다는 것은 부정할 수 없는 사실이다. 다만 통제할 수 없는 일이라면 절대 걱정하지 말자는 것이 나의 신조다. 세상의 부정적인 문제 중에는 우리의 힘으로 바꾸기에 역부족인 것들이 많다. 반면 우리는 우리 자신만큼은 얼마든지 바꿀 수 있다. 20세기의 사회비평가이자 교육이론가 앨버트 제이 녹Albert Jay Nock은 이렇게 말했다.

"한 사람이 다른 사람을 변화시킨다. 당신 인생에서 가장 중요한 과업은 이전보다 나아진 한 명의 개체가 되는 것이다. 즉, 성장한 자신의 모습을 사회에 보여주는 것이다. 당신이 스스로 성장할 때 사회 전체의 수준도 함께 높아진다. 그리고 이것은 전적으로 당신의 통제 하에 있는 일이다."

우리가 저마다의 방법으로 조금씩 성장해 더 나은 사람이 될수록 사회 전체의 평균이 올라간다니, 얼마나 희망적이고 가치로운 일인가!

"책임은 나에게 있다"

더 나은 사람이 되기 위해서는 일단 통제할 수 있는 것과 없는

것을 구분해야 한다. 통제할 수 있는 일에 오롯이 집중하기 위해서다. 우리가 유행병 바이러스나 먼 나라의 테러 행위를 통제할 수는 없다. 안타깝지만 사랑하는 사람의 생과 사도 통제할 수 없다. 내 마음대로 되는 것은 오직 나 자신뿐이다. 스스로의 감정과 생각은 얼마든지 통제할 수 있다.

당신이 사업상 중대한 위기에 처했다고 해보자. 회사의 매출은 점점 떨어지는데 경쟁사들은 성능이 두 배 이상 좋고 가격은 절반가량 저렴한 제품을 내놓았다. 막다른 길에 몰린 것 같고 할 수 있는 일은 오로지 포기뿐인 것처럼 보인다. 하지만 이와 같은 상황에서도 당신이 할 수 있는 일이 있다. 바로 상황을 받아들이고 책임을 인정하는 것이다. 성장은 거기에서 비로소 시작된다.

사람은 누구든 행복해지기를 원한다. 어떤 상황에서든 행복하고 싶지 않은 사람은 없을 것이다. 그런데 사람들은 왜 행복해지지 못하는 것일까? 심리학자들의 연구 결과, 행복의 장애물은 언제나 부정적인 감정과 생각이었다. 안으로 삼키든 밖으로 표출하든 부정적인 감정은 분노로 쉽게 변하고, 분노가 된 감정은 비난을 데리고 나타난다. 가령 내가 성공하지 못한 이유, 사랑받지 못하는 이유를 부모 탓으로 돌리는 것이 대표적이다. 부정적 감정, 분노, 비난은 서로 맞물린 순환 고리를 형성한다. 하지만 이는 역으로 생각하면 희망적이다. 비난하기를 멈추면 부정적 감정의 순환도 자연스럽게 끊어지기 때문이다.

그렇다면 어떻게 비난을 멈출 수 있을까? 아주 간단하다. 책임을 받아들이는 것이다. 자신의 책임을 인정하는 행동은 감정 관리에 도움이 된다. 우리의 마음은 긍정적이든 부정적이든 한 번에 하나의 생각만 할 수 있기 때문이다. "책임은 나에게 있다"라고 속으로 생각하거나 조용히 읊조려보자. 이 마법의 말과 함께 책임을 받아들이는 순간, 모든 부정적인 감정은 즉시 멈출 것이다. 부정적인 생각과 인정하고 받아들이는 사고는 동시에 이루어질 수 없다.

살다 보면 문제를 정면 돌파해야 하는 순간이 오기 마련이다. 그때 가장 필요한 태도는 책임을 받아들이고 할 수 있는 한 모든 일에 최선을 다하는 것이다. 이를테면 가족에게 무슨 일이 생긴다면 스스로에게 이렇게 말하자. '나에게는 책임이 있다. 지금 내가 할 수 있는 최선의 행동은 무엇인가?' 생각이 끝나면 즉시 실행할 수 있는 행동을 취하면 된다. 긍정적이고 진취적인 행동과 부정적이고 맴도는 생각은 동시에 일어날 수 없기에 걱정을 물리치는 가장 확실한 방법은 뚜렷한 목표를 향해 계속 나아가는 것이다. 불안을 잠재우는 가장 좋은 방법도 마찬가지다. 책임을 받아들이고 바삐 움직이면 자연스럽게 불안에게 내주었던 생각의 공간이 줄어든다.

"당신이 있는 곳에서, 당신이 가진 것으로, 당신이 할 수 있는 일을 하라." '테디'라고 불리며 국민의 큰 사랑을 받았던 미국의 26대 대통령 시어도어 루스벨트Theodore Roosevelt가 남긴 명언이다. 당신이 통제할 수 있는 유일한 시간은 과거도 미래도 아닌 지금 이 순간이라는 가르침이다. 생각은 진공 상태를 싫어하므로 부정적인 감정이 나간 자리에는 긍정적인 감정이 들어차 당신을 변화시킬 것이다. 스스로에 대한 완전한 통제권을 쥐게 된 것이므로 자존감과 자신감도 높아질 것이다. 당신의 인생에서 터닝 포인트가 되어주는 것은 말할 필요도 없다.

부정적인 감정을 잠재우는 연습을 반복하면 머지않아 항상 행복한 사람이 될 것이다. 누구를 탓하고 싶은 마음도 들지 않고 타인의 행동에 벌컥 화가 나는 일도 줄어들 것이다. 그렇다고 다른 사람의 의견에 무조건 동의하고 어떤 행동이든 수용하게 된다는 의미는 아니다. 의견이 다른 상황에서도 감정의 동요 없이 평정심을 유지할 수 있다는 뜻이다.

우리는 살면서 다양한 의견을 보고 듣는다. 그중에는 별 볼 일 없는 주장도 있지만 눈이 번쩍 뜨이는 생각도 있다. 우스운 것은 어이없는 아이디어가 정책이나 제도로 실현되는 경우는 많은데 창의적이고 놀라운 생각이 현실화되는 경우는 별로 없다는 것이다. 이는 대부분 동기부여와 실행의 부재 때문이다. 뛰어난 창의성과 능력을 갖추고도 생각을 현실로 옮기지 못해 성공하지 못하는 사람이 많다. 차이점은 오직 하나, 목표를 향한 동기부여가 제대로 되어 있는지 아닌지 여부다.

동기부여가 제대로 되지 않는 사람의 유아기를 돌아보면, 외부 상황에 어른들이 반응하는 방식을 답습하며 성장한 경우가 많다. 그들은 어떤 일이 일어나면 일단 비판을 시작한다. 이는 인간이 취할 수 있는 가장 해로운 행동으로 듣는 이나 말하는 이 모두에게 분노와 불쾌감을 불러일으킨다. 나는 분노와 불쾌감을 '정신적 암'이라고까지 부른다. 그들은 새로운 경험이나 기회가 주어져도 '정말 좋은 일이군!' 하는 평범한 반응에 그친다. 그리고 얼마 지나지 않아 '하지만 나는 해낼 수 없겠지. 왜냐하면……'이라는 자조적인 생각으로 넘어간다. 이유는 늘 비슷하다. '나는 시간이 없어. 돈도 부족하고 학력도 좋지 않지. 힘든 일만 하다 보니 항상 피곤하고 체력도 달려.' 변명이 끝도 없이 이어진다. 동기부여의 불꽃이 타오르기도 전에 밟아 꺼버리는 것이다.

컴포트존에서 벗어나라

사람들이 무언가에 도전하고 성취하지 못하는 가장 큰 이유는 편안함을 느껴 현재에 안주하게 하는 컴포트존Comfort Zone 때문이다. 사람들은 경쟁에서 승리하거나 혹은 자신도 모르는 사이에 이 컴포트존에 진입하게 되며, 이는 '적당히'라는 함정에 빠뜨려 더 큰 성공을 방해한다.

애플은 2007년에 아이폰을 출시했다. 아이폰에는 그전까지의 휴대폰에 없던 터치스크린, 200만 화소의 후면 카메라 등 놀라운 기능이 탑재되어 있었다. 그런데 당시 휴대폰 시장을 지배하던 노키아와 블랙베리의 임원들은 "젊은 세대의 한때 유행일 뿐"이라며 신흥 강자인 아이폰을 무시했다. 심지어 블랙베리는 그해 연구개발 예산을 절반으로 줄여버리기까지 했다. 이미 세계 휴대폰 시장의 절반 가까이를 점유하는 선두 자리에 있었기 때문에 제품 개발에 투자할 필요가 없다고 본 것이다. 나머지 절반을 점유하고 있던 노키아의 반응도 비슷했다. "우리는 아무것도 바꿀 필요가 없다. 모두가 우리 제품을 사랑한다. 당연하지 않은가? 우리는 세계 최대이자 최고다."

한번 진입한 컴포트존에서 벗어나지 못한 두 기업의 행방은 모두가 알고 있는 그대로다. 매출액이 급감하다 결국 5년 후에는 시장에서 영영 사라졌다. 그들은 아이폰이 휴대폰 산업의 패러다임을 바꾸었다는 사실을 깨닫지 못했던 것이다. 아이폰은 1947년에 등장한 세계 최초의 컴퓨터보다 10억 배 이상 뛰어난 기술과 기능을 사용자에게 선사했다. 그것도 한 손안에 말이다.

컴포트존은 마치 우리를 서서히 끓는 물 속의 개구리처럼 둔감하게 만든다. 이렇게 질문해보자. "나는 세상이 변하고 있다는 사실을 모른 척하고 불편함이 없는 현실에 안주하며 잠재력을 묻어두고 있지 않은가?" 세상은 따라가기 힘들 정도로 빠르게 변하고 있다. 지금 우리가 사용하는 제품과 서비스의 80퍼센트는 5년 안에 시장에서 사라지고 새로운 것으로 대체될 것이다. 직업의 80퍼센트도 극적인 변화를 피할 수 없을 것이다. 미국에서는 한 해에 약 300만 개의 일자리가 사라지고 320만 개의 일자리가 새로 생긴다. 수많은 일자리가 시장의 변화와 사람들의 취향 변화 등 복합적인 이유로 생겼다가 사라지길 반복한다. 다행히도 사양 직업이 새로운 직업으로 대체되거나 완전히 새로운 일자리가 창출되면서 일자리 수는 유지되고 있다. 다시 말해 위기 앞에도 기회는 늘 있기에 명민한 감각으로 대비하는 사람은 언제나 살아남는다.

내가 컴포트존에 있는지는 어떻게 깨닫고 어떤 방법으로 벗어날 수 있을까? 세계적인 리더십 전문가 워런 베니스Warren Bennis의 연구에서 그 해답을 엿볼 수 있다. 그는 5년 동안 93명의 뛰어난 리더들을 관찰하고 추적했다. 거대 기업의 창립자부터 유수 대학의 총장, 유명 필하모닉 오케스트라 단장까지 다양한 직군의 최고 리더들이 그 대상이었다. 워런 베니스는 그들의 생각과 행동이 어떻게 다른지 알아내기 위해 그들의 집에서 함께 생활하기까지 했다. 그가 발견한 리더들의 가장 큰 차이점은 컴포트존으로 미끄러지는 순간을 누구보다 냉철하게 인지한다는 것이었다. 그들은 컴포트존이 주는 행복에 젖어 있지 않고 계속해서 이루기 힘들어 보이는 크고 높은 목표를 세워 새로운 성취로 나아갔다. 안주하고자 하는 마음을 새로운 목표로 없애고 컴포트존에서 벗어난 것이다.

성공하는 사람은 이렇게 생각한다. "나는 무엇이든 해낼 능력이 있어. 궁금한 것은 하나뿐이야. 어떻게 할 것인가? 그 방법을 어디서 배울 수 있을까? 그것만 알면 돼. 책을 읽든, 누군가에게 조언을 구하든, 온라인에서 찾아보든 나는 꼭 해낼 거야. 분명히 할 수 있어." 이들은 할 수 없다는 생각 자체를 하지 않는다. 쉽게 도전을 시작하고 작은 목표부터 착실히 달성해나간다.

반면 실패를 두려워하는 사람은 다음과 같이 생각한다. "나는 할 수 없어. 정말 하고 싶지만 해낼 수 없겠지. 실패할 이유가 너무 많아." 그들은 수많은 이유를 대며 실패를 두려워한다. 두려워하니 목표를 세우지 못하고 시도해보기도 전에 패배감을 느끼며 내면의 자아가 쪼그라든다. 이들은 대부분 스스로 무지하다고 느낀다. 가령 다음과 같이 말한다. "사업을 시작하고 싶지만, 무엇부터 어떻게 시작해야 할지 모르겠어요."

나는 이런 사람들을 위해 '내 사업 시작하기: 아이템 선정부터 순이익 내는 법까지'라는 강의를 기획해 진행했다. 이 강의는 창업과 성장에 관해서는 세계에서 가장 잘 팔리는 교육 프로그램이 된 지 오래다. 첫 강의를 시작하고 시간이 꽤 흘렀지만 지금까지도 꾸준히 수요가 있으며, 실제로 창업을 해서 성공한 사람들도 많이 만났다.

또한 나는 '내 책 쓰고 출판하는 법'이라는 강의도 만들었다. 어느 조사 결과 미국 성인의 82퍼센트가 책을 쓰고 싶어 하지만 어떻게 시작할지 몰라 시도조차 하지 못하고 있다는 사실에서 영감을 받은 강의다. 대부분은 이 강의를 듣고 깜짝 놀랐다고 말한다. 오랫동안 작가의 꿈을 마음속으로만 간직해왔는데 강의를 듣고 딱 90일, 그러니까 3개월 만에 책을 써서 출판사와 계약까지 할 수 있었기 때문이다. 어떤 일이든 방법만 안다면 시작하는 것은 쉽고, 성공도 그리 먼 일이 아니다.

정리하면 우리가 목표를 이루지 못하는 데에는 세 가지 이유가 있다. 컴포트존에 갇혀 현실에 안주하고, 실패 경험으로 인해 시작하기를 두려워하며, 어떻게 해야 하는지 방법을 몰라 주저

하는 것이다.

신중하게 결정하라

---✦◇◈◇✦---

그렇다면 아이디어가 떠오른 순간 무조건 행동으로 옮기는 것이 좋을까? 여기서 인간이 기계와 다른 점이 드러난다. 혹자는 AI시대가 도래함에 따라 기계나 컴퓨터에 인간이 대체될 것을 걱정하지만 그럴 확률은 아주 낮다. 기계는 외부로부터 오는 자극에 반응할 뿐이기 때문이다. 다시 말해 무언가를 입력하면 반응하는 방식으로 작동한다. 기본적으로 자극을 받아야 그에 대한 반응이 나오는 것이다. 하지만 인간은 다르다. 자극이 있으면 그에 대한 반응이 존재하지만 인간에게는 선택의 자유가 있다. 사고할 능력이 있는 것이다. 즉, 어린 시절 부모님과 선생님께 수없이 들어왔던 것처럼 행동하기 전에 먼저 생각을 해야 한다.

일례로 대부분의 부자들은 말을 하기 전에 생각을 하는 반면, 가난한 이들은 내키는 대로 일단 말하고 본다. 떠오른 생각을 전부 표현할 필요가 없는데도 말이다. 내가 살면서 깨달은 아주 중요한 교훈이 있다. 무슨 말을 꺼내기 전에 다른 사람이 방해를 한다면, 이는 말하지 말라는 하늘의 계시일지도 모른다는 것이다. 상대의 목소리보다 더 크게 외치거나, 한마디라도 더 져서는 안 된다는 생각으로 받아치려 들지 말라. 잠시 멈추어 생각해야 한다. 충분히 생각하지 않고 말하면 반드시 문제가 생기기 마련이고, 생각하지 않는 것은 실패의 큰 원인이되기도 한다.

성공한 사람들을 보면 지나치게 신중하다 싶을 정도로 멈추어 생각한다는 공통점이 있다. 때로는 과하다 싶을 정도로 오랫동안 고민하기도 한다. 현대 경영학의 창시자 피터 드러커Peter Drucker는 의사결정에 대해 통찰력 있는 의견을 제시했는데 그중 한 가지를 인용하면 다음과 같다. "빠른 인사 결정은 언제나 잘못된 결정이다. 미래가 있는 결정, 즉 앞으로 오랫동안 영향을 끼칠 결정을 내릴 때는 생각할 시간을 충분히 확보해야 한다. 하루 내내, 필요한 경우 주말까지 오래오래 생각하라."

사람을 채용하고 내보내는 일이 사업에 막대한 영향을 끼칠 수 있음을 경고한 말이다. 피터 드러커는 누군가를 고용하기 전에 일주일이든 한 달이든 함께 시간을 보내보라고 조언했다. 특히 막 설립되어 빠르게 성장하는 회사일수록 더욱 사람을 조심해야 한다고 했다. 작은 기업일수록 직원을 잘못 고용하면 그에 따른 비용을 많이 쏟게 되고 후속 관리가 엄청나게 복잡해지기 때문이다. 사업가라면 누구나 초창기에 "조금만 더 신중했다면 저 사람을 절대 고용하지 않았을 텐데"라는 후회를 해본 적 있을 것이다.

최근 추천받아 읽은 의사결정에 관한 책에서도 자극과 반응 사이의 시간 간격이 길수록 더 현명한 결정으로 이어진다고 했다. 흔히 우리가 주고받는 "일단 푹 자고 생각해봐"라는 조언도 같은 의미일 것이다.

나에게 큰 영향을 끼친 멘토도 오래전 출간된 로버트 롤스Robert Rawls의『정신적 소화를 위한 시간을 가져라Take Time Out for Mental Digestion』라는 책을 인용하며 무언가를 결정하기 전에 반드시 숙고할 것을 조언했다. 이 책에서는 새로운 아이디어가 기존의 생각과 만나기까지는 72시간이 걸린다고 말한다. 즉, 새로운 아이디어나 기회가 있을 때는 적어도 3일 동안 머릿속으로 생각해야 제대로 된 판단을 내릴 수 있다는 뜻이다. 무언가 결정을 내리기 전에 가능한 한 여러 측면에서 득실을 따져보는 것이 좋다.

나는 명성 있고 부유한 사람들의 컨설턴트이자 상담가로 일해오며 그들이 무언가를 결정할 때 오랜 시간 고심한다는 사실을 발견했다. 그들은 주변 사람과 충분히 이야기를 나누고 전문가의 자문을 구한 뒤, 부족한 정보는 더 찾아본다. 그 후 곧바로 반응했을 때와는 비교도 안 될 정도로 현명하고 탁월한 결정을 내린다. 성공한 사람들이 성공하지 못한 사람들보다 더 똑똑하다고 할 수는 없지만 오랜 시간을 들여 더 많은 정보를 확보하는 것은 확실하다. 이들은 자극과 반응의 중간 지점을 길게 사용하고, 준비가 되었을 때 반응한다. 자극을 주면 반응하는 행동 메커니즘에서 벗어나 있다.

당신도 앞으로 미래에 영향을 끼치는 큰 결정을 내리기 전에는 우선 이틀간 생각해보겠다고 말하라. 누군가 돈을 빌려달라거나 당신에게 무언가를 팔려고 할 때는 "일단 생각해보겠다"라고 답하라. 내가 살면서 저지른 큰 실수들은 대부분 생각하지 않고 성급하게 결정했을 때 일어났다. 나중에야 후회가 밀려왔고 "정말 과거의 나를 때려주고 싶군. 내가 대체 왜 그랬지?"라며 스스로 자책한 적이 많다. 중요한 결정을 앞두고 있다면 컴퓨터와 전화를 끄고 홀로 조용히 앉아서 생각하라. 이것은 성공을 위한 위대한 발걸음이 될 것이다.

수입을 두 배로 늘리고 싶다면

강연 때마다 청중에게 묻는 것이 있다.

"혹시, 수입을 지금의 두 배로 늘리고 싶은 분이 있을까요?"

당연히 한 명도 빠짐없이 손을 번쩍 든다. 그러면 나는 다음과 같이 말한다.

"잘됐네요. 앞으로 여러분의 수입은 정말 두 배로 늘어날 테니까요. 제가 장담하건대, 오래 살기만 하면 이 자리에 계신 모든 분의 수입은 배로 늘어날 겁니다. 여러분의 수입이 복리 이자를 이용해 연평균 3퍼센트 정도 올라간다면 25년 후에는 두 배로 늘어날 것이기 때문이지요. 혹시 이런 식으로 수입을 늘리고 싶으세요?"

그러면 모두가 웃으며 "아뇨, 지금 당장이요!"라고 소리친다.

25년 후는 너무 먼 미래다. 게다가 복리 이자를 이용한 수입 증대는 누구에게나 동일하게 적용되는 방법으로 상대적 풍요를 느끼지 못할 수 있다. 남들보다 훨씬 빠르게 수입을 두 배로 늘리고 싶은가? 이런 방법은 어떨까? 연 소득을 매년 25퍼센트씩 늘리는 것이다. 그렇게 하면 복리에 따라 3년 후에는 수입이 지금의 두 배로 증가할 것이다. 또한 10년 동안 매년 25퍼센트씩 계속 증가한다면 금세 10배가 될 것이다.

자, 여기서 중요한 문제가 등장한다. 과연 어떻게 매년 소득을 25퍼센트씩 늘릴 수 있을까? 산술적으로 따져보면 매달 2퍼센트, 즉 일주일에 0.5퍼센트씩 소득을 늘려야 한다. 쉽게 말해 일주일에 0.5퍼센트씩 생산성이 올라간다면 복리 효과로 소득이 늘어나 3년 후에는 두 배의 소득을 얻을 수 있다. 장담하건대 당신의 배경, 성적, 친구, 인맥 혹은 경제적 상황과 상관없이 최상위 수준의 소득을 얻을 것이다. 생산성을 향상시키기 위한 첫걸음을 내딛기만 하면 그 위대한 여정은 시작된다.

생산성을 늘리기 위해서는 효율적인 시간 관리가 필수다. 시간 관리는 사실 매우 간단한 문제다. 하루의 계획을 미리 세우는 것에서 시작하면 된다. 계획을 세우면 그날 무슨 일을 해야 할지 한눈에 들어오기 때문에 가장 중요한 일이 무엇인지 결정하고 집중할 수 있다.

매일 가장 중요한 일을 먼저 하고, 다 끝낸 후에 두 번째로 중요한 일로 넘어가는 아주 간단한 이치다. 내가 몇 년 전에 출간한 시간 관리에 대한 책 『잠들어 있는 시간을 깨워라』(황금부엉이, 2013)는 전 세계 42개국에서 600만 부 이상 판매고를 올리며 베스트셀러로 자리매김했다. 그 책의 핵심 내용도 가장 중요한 일을 선택하고 우선순위에 따라 시작하고 완수하라는 것이다. 그렇게 하면 생산성과 능률이 올라갈 것이고, 가까운 미래에는 생산성에 맞추어 소득도 늘어날 것이다.

어렵게 생각할 필요 없다. 한 번에 한 걸음씩만 성공하면 된다. 한 번에 인생 전체를 바꿀 필요도 없고 그럴 수도 없다. 조금씩 전진하라. 하나에 집중해 최선을 다하면 일주일 내로 효과가 보일 것이다. 그러다 보면 점차 지속하고 더 나아갈 힘도 생긴다. 성과가 우리에게 동기를 부여하기 때문이다.

세계적인 미래학자이자 작가인 다니엘 핑크Daniel Pink는 자신의 저서 『드라이브』(청림출판, 2011)에서 사람을 움직이게 하는 원동력이 무엇인지 분석했다. 그 답은 나아지고 있다는 느낌이었다. "내 실력이 늘고 있어", "내 커리어가 발전하고 있어", "목표를 하나씩 이루어가고 있어"와 같은 생각 말이다. 진짜 동기부여는 외부에서 오지 않는다. 앞으로 나아가고 있다는 감각이 우리를 움직이게 한다. 신이 나게 하는 것이다.

알다시피 무언가 시작하고 지속하기 위해서는 동기부여가 필요한데 대부분의 사람들은 동기 자체가 부족한 것이 문제다. 진실로 원하는 목표가 없으니 움직일 이유도 없다. 그저 하루하루를 버티듯 살아낼 뿐이다. 베스트셀러 저자이자 커뮤니케이션 전문가인 사이먼 시넥Simon Sinek은 『스타트 위드 와이』(세계사, 2021)에서 "나는 왜 이 일을 하는가?"라는 질문을 통해 자신의 동기와 비전을 찾으라고 제안한다. 당신은 왜 아침마다 부지런히 일어나 하루를 시작하는가? 당신의 가치관은 무엇인가?

당신은 무엇을 위해 매일을 살아가는가? 이 질문에 대한 당신의 대답이 "더 많은 돈을 벌어서 가족들이 더 편안하고 즐거운 삶을 살게 하고 싶다. 아이들에게 더 많은 기회를 주고 싶다"일 수 있다.

　괜찮다. 어떤 이유에서든 당신에게 이루고 싶은 일이 생겼다는 것이 중요하다. 이제 동기가 부여되었기에 당신은 매일 아침 침대에서 꾸물대지 않을 것이다. 일찍 일어나 하루를 시작하고 저녁까지 쉴 새 없이 움직이게 될 것이다. 목표를 향해 나아가고 있다는 충만한 감각이 당신을 더 이상 가만히 두지 않을 것이다.

무엇이 당신을 안주하게 하는가

성공은 교육, 기술, 집안 심지어 운과도 아무런 연관이 없다. 성공은 전적으로 개인의 행동에 의해 좌우된다. 그리고 모든 개인에게는 특별한 일을 해낼 잠재력이 있다. 그저 그 방법을 배우기만 하면 된다.

출신과 배경을 탓하기 전에 해야 할 일

통제 불가능한 것에 매달리지 말고, 통제할 수 있는 것에 집중하라. 나의 성장 배경과 환경은 바꿀 수 없지만 나 자신만은 얼마든지 바꿀 수 있다. 부정적인 감정과 생각을 통제하라. "책임은 나에게 있다"라고 말하라.

성공을 가로막는 3가지 장애물

• 컴포트존: 더 큰 기회와 성취를 위해 안전선에서 벗어나라. 끊임없이 새로운 일에 뛰어들어 도전하라.
• 실패에 대한 두려움: 할 수 없다는 생각은 버려라. 작은 것부터 시작하라.
• 방법에 대한 무지: 올바른 방법을 찾으면 복잡해 보이는 시작도 단순해진다.

<u>01</u> 당신이 이루고 싶은 목표를 한 줄로 써보라.

<u>02</u> 지금 당신이 안주하고 있는 컴포트존은 무엇인가?
혹은 목표를 달성했을 때 경계해야 할 컴포트존은 무엇일 것 같은가?

<u>03</u> 실패할 것이라고 생각하는 세 가지 이유를 적어보라.
실패하지 않기 위해서는 무엇을 준비해야 할까?

<u>04</u> 당신의 목표를 이루기 위해서 어떤 준비를 해야 할까?

2장

한 번에 인생 전체를
바꿀 필요는 없다

"성공이란 목표이며
나머지는 주석에 불과하다."

—로이드 코넌트(나이팅게일 코넌트 사社 창립자)

"성공의 비밀은 없다.
수 세기에 걸쳐 계속해서 배우고 반복해온
시대를 초월한 진리만 있을 뿐이다."

—오그 만디노(『위대한 상인의 비밀』 저자)

동기부여는 두 가지로 나눌 수 있다. 가짜 동기부여와 진짜 동기부여다.

가짜 동기부여는 그것이 무엇이든 할 수 있다고 속삭인다. 과정과 방법은 쏙 빼놓은 채 두근거리는 느낌만 강조해서 현혹한다. 크게 성공한 사람들 중에도 이와 같이 허황되고 달콤한 방식으로 가르치는 이들이 있다. 가짜 동기부여를 받으면 영화관이나 콘서트장에서 신나게 즐기고 돌아왔을 때처럼 기분이 좋지만 며칠 지나면 다시 일상이라는 쳇바퀴 속에서 무료함을 느낀다. 그들의 말을 듣고 보는 순간 가슴 뛰고 설레던 감각의 80퍼센트 이상이 사라진다.

반면 진짜 동기부여는 능력이 향상되었다고 느끼는 순간에 찾아온다. 어제의 자신을 뛰어넘는 미세한 진전에 만족과 희열을 느끼면서 계속 행동하고 싶은 마음이 든다. 많은 동기부여 전문가들이 목표를 빠르게 달성하고 더 나은 삶으로 나아갈 수 있는 방법으로 거창하지 않은 작은 일을 꾸준히 하라고 권하는 이유도 그것이다. "이 정도는 나도 할 수 있겠어. 전혀 복잡하지 않고 아주 현실적이군. 결과가 눈앞에 선명하게 보이잖아?"라는 생각이 들도록 하는 것이다. 생생한 자기 효능감이 쌓여 점차 발전해나가는 모습을 뚜렷하게 그릴 수 있을 때 진짜 동기가 부여된다. 즉, 진짜 동기부여는 나아가고 있다는 감각이다.

나는 여기서 다시 한번 기상 시간을 강조하고 싶다. 경제적으로 부유하고 심적으로 여유로운 사람들은 대부분 오전 6시 이전에 기상한다. 반면 삶에 허덕이는 이들은 7시에 겨우 눈을 뜨거나 밍기적거리다가 더 늦게 일어난다. 성장을 즐기고 진짜 동기부여를 받기 위해서는 기상 시간을 포함해 생활습관을 바꾸어야 한다.

과거의 나에게 큰 영향을 미친 한 사람은 매일 오전 6시 전에 일어나는 습관이 있었다. 그가 근무하는 회사는 52개 지점과 1만여 명의 직원을 두고 있었는데, 그는 가장 낮은 직급인 우편물실 매니저로 시작해 승진을 거듭해 경영진까지 오른 입지전적인 인물이었다. 그는 나에게 이런 조언을 해주었다. "나는 매일 6시 전에 일어난다네. 늦게 자도, 아무리 힘들어도 어떻게든 6시 전에 일어나지. 그러면 이틀 연속으로 늦게 자면 안 된다는 사실을 깨우칠 수 있지."

만약 당신이 기상 시간에 대한 간단한 규칙만 세운다면 매일 아침 정확히 돌아가는 컴퓨터 프로그램처럼 반복적으로 기상할 수 있을 것이다. 그리고 기상 시간이 달라지면 당신의 하루에 일어나는 모든 일이 바뀔 것이다.

자아개념을 재정립하라

동기부여는 자아개념Self-concept과 관련이 있다. 유년기에 칭찬과 격려를 충분히 받고 스스로 중요하고 가치 있고 똑똑한 사람이라 느끼며 자란 아이는 동기부여가 잘된다. 또한 긍정적인 태도로 자기 자신을 바라보는 어른으로 성장한다. 자아개념이 긍정적으로 잡혀 있기 때문이다. 자아개념은 자아이상, 자아상, 자존감이 복합되어 구성되는데 그들에게는 확실한 자아이상이 존재한다. 자아이상Self-ideal은 내가 되고 싶은 모습을 가리키는 것으로 그들은 되고 싶은 모습이 명확하다. 건강, 부, 지위, 영향력, 생활습관 등 모든 측면에서 당신이 그리는 완벽한 롤모델을 떠올려보라. 성공한 사람들의 자아이상은 매우 뚜렷하고 구체적인 반면 성공하지 못한 사람들의 자아이상은 모호하다. 막연히 성공을 꿈꾸는 이들은 미래에 어떤 위치에 서 있고 싶은지 분명하게 묘사하지 못한다. 만약 당신도 어떤 모습이 되고 싶은지 명확하게 말하는 것이 어렵다면 다음과 같은 방법이 유용할 것이다.

마법 지팡이를 흔들어 3년 후의 삶을 완벽하게 만들 수 있다고 가정해보는 것이다. 지금 모습에 비추어 생각할 필요는 전혀 없다. 그 삶은 어떤 모습이고 오늘과 무엇이 다를까? 구체적으로 적어보라. 얼마를 벌고 싶은가? 어떤 집에서 살고 싶은가? 어떤 인간관계를 원하는가? 건강과 체력은 어떤 상태였으면 좋겠는가? 계좌에 돈은 얼마나 있을까? 나를 둘러싼 것들이 명확해 질수록 자동으로 동기가 부여되는 법이다.

자아개념의 두 번째 요소는 자아상Self-image이다. 자아상은 스스로 바라보는 자신의 모습으로 매 순간 나의 행동력을 조절하는 원천이 된다. 겉으로 드러나는 행동력은 그 사람이 마음속으로 그리는 그림의 크기와 항상 일치한다. "사람은 생각하는 대로 된다"라는 말도 있지 않은가.

보통 자아상은 '내가 보는 나', '다른 사람이 보는 나', '내가 생각하는 다른 사람이 보는 나'가 모여 만들어진다. 재미있는 점은 다른 사람이 실제 나를 어떻게 보는가와 상관없이, 만약 남들이 나를 멋진 사람으로 바라본다고 생각한다면 그들과 교류하는 것이 즐겁고 행복해진다는 것이다. 사람들 속에서 매력적이고 지적이고 호감형인 자아상을 강화하며 당신은 자연스럽게 말하고 웃을 것이다. 반면 남들이 당신을 별 볼 일 없고 재미도 없는 사람으로 바라본다고 생각한다면 그들과 함께 있는 것이 괴로울 것이고 내면에 부정적인 영향도 받을 것이다.

내가 보는 지금의 나와 내가 되고 싶은 나, 즉 자아상과 자아이상에는 차이가 있을 수도 있다. 이 차이는 당신의 성격을 일부 결정짓기도 한다. 현실과 이상의 괴리가 너무 크면 사기가 꺾이고 의기소침해질 수도 있기 때문이다. 일례로 대부분의 사람들은 부자를 꿈꾼다. 당신도 그러한가? 그렇다면 구체적인 계획만이 묘약이다. 종이를 한 장 꺼내 우선 '나는 1년 안에 부자가 되고 싶다'라고 써보라. 그리고 지금 재정 상태가 어떤지 생각해보라. 또한 지금 무슨 일을 하고 있는지, 통장에 돈은 얼마나 있는지 떠올려보라. 만약 통장 잔고는커녕 빚만 잔뜩 있고 마땅한 직업도 구하지 못해 생계를 겨우 이어나가고 있다면 부자라는 자아이상이 터무니없게 느껴질 것이다. 다만 나는 여기서 자아이상을 줄이라고 권고하는 것이 아니다. 현실과 괴리감이 지나치게 크지 않은 작은 자아이상부터 선행되어야 한다는 뜻이다. 이상과 현실의 괴리감이 지나치게 커지면 목표를 몇 번 써보다가 어차피 부자가 되는 것은 불가능하다고 여기며 지레 포기하고 멈추어버리기 쉽기 때문이다.

자아개념의 세 번째 요소는 자존감Self-esteem이다. 자존감은 자기 자신을 좋아하고 사랑하는 마음, 중요하고 가치 있는 사람으로 평가하는 마음을 가리킨다. 비유하자면 자존감은 원자력을 이끌어내는 원자의 핵이나 마찬가지다. 당신의 행동을 좌우하는 결정적 요인이자 행동력의 엔진이다. '지금의 나'에서 내가 되고 싶은 '이상적인 나'에 가까워질수록 자존감은 올라가고 자아상도 긍정적으로 변해 자신감이 붙으며 활기가 넘치게 될 것이다. 궁극적으로 성공은 물질적인 보상보다 내면의 기쁨이 결정한다. 다음과 같은 말을 반복하는 것만으로 자존감이 올라가니 잠시 소리내어 말해보라. "나는 나 자신을 좋아한다. 나는 나 자신을 좋아한다. 나는 나 자신을 정말 좋아한다."

내 책들과 강연에서 꾸준히 이 방법을 권했더니 한번은 큰 성공을 거둔 청년으로부터 고맙다는 영상 메시지를 받기도 했다. 영상 속에서 그는 자신이 과거에 얼마나 무력하고 불행했는지

열변을 토했다. 청년은 쇼핑몰에서 휴대폰 파는 일을 했는데, 몇 십 명에게 다가가 열심히 말을 걸어도 늘 거절당하기 일쑤였다고 했다. 하루하루 절망에 빠져들던 어느 날 내 책『판매의 심리학』(비즈니스맵, 2008)을 사서 읽게 되었다고 했다. 그 책에는 내면의 감정이 업무 성과와 궁극적으로 성공까지 결정한다는 메시지가 담겨 있다.

책을 읽은 다음 날, 그는 출근하기 전에 차 안에 앉아 "나는 내가 참 좋아"라고 중얼거렸다. 지나가던 사람들은 혼잣말하는 그를 힐끗 쳐다보았다. 그래도 흔들리지 않고 쇼핑몰 안으로 당당히 들어갔다. 여느 때처럼 휴대폰을 판매했고, 그날의 첫 고객이 거절 의사를 밝혔을 때 그는 자기도 모르게 이렇게 말했다. "잠깐, 이건 정말 좋은 조건이에요! 어쩌면 당신의 삶을 상상도 못한 방식으로 편리하게 바꾸어줄 수도 있습니다." 전날과 달리 말이 술술 나왔던 것이다. 그의 내면에서 자존감이 올라간 덕분이었다. 고객은 웃으며 "정말요? 좀 더 자세히 이야기해줄래요?"라며 그의 말에 귀를 기울였고 그는 얼마 후 첫 매출을 올렸다. 첫 번째 성공은 두 번째, 세 번째 성공으로 이어졌고 머지않아 판매 신기록까지 세웠다. 그는 판매사원에서 관리자로 승진했고 나중에는 더 큰 회사로 이직했다. 나는 청년의 마지막 말이 오래 기억에 남는다. "출근길에 나는 나를 좋아하고, 나는 대단한 사람이라고 말한 것이 제 삶을 완전히 바꾸어놓았습니다."

"나는 나를 좋아한다"라는 생각은 마음의 신전을 받쳐주는 튼튼한 기둥이다. 스스로를 얼마나 좋아하는지와 얼마나 낙천적인지 사이에는 직접적인 상관관계가 있어 우리의 행동을 결정한다. 또한 주어진 책임감을 받아들이는 일과 인생의 행복에까지도 영향을 미친다.

좋은 하루는 저절로 찾아오지 않는다

요즘은 성공할 기회가 정말 많다. 다양한 제품과 서비스가 빠르게 개발되어 나오지만 여전히 충족되지 못한 고객의 욕구와 필요도 많기 때문이다. 성공하는 사람들은 그 욕구와 필요를 잘 캐치한다. 그런데 누군가는 항상 현재 상황에서 영감을 얻어 방향을 찾는 반면, 왜 누군가는 할 수 없다는 패배감에 젖어 있을까? 이는 자아개념에서 파생된 자아탄력성의 차이에서 기인한다. 실패하고 넘어져도 다시 일어나는 힘인 자아탄력성은 최근 '그릿Grit'으로 불리기도 한다. 앤절라 더크워스Angela Duckworth가 동명의 베스트셀러를 출간하며 고안해낸 개념으로, 성공과 성취를 끌어내는 데 결정적인 역할을 하는 용기와 집념을 아울러 가리킨다.

1900년대 초중반 뉴욕에서 활동했던 영화 프로듀서 마이크 토드Mike Todd를 아는가? 1967년에 아카데미 여우주연상을 수상한 배우 엘리자베스 테일러Elizabeth Taylor의 배우자이기도 하다. 그는 막대한 돈을 벌었지만 여러 작품에 투자하며 성공과 실패도 반복했다. 그러다 한번은 전 재산을 털어넣어 투자한 영화가 흥행에 참패했고 "마이크 토드, 파산하다"라는 헤드라인의 기사가 미국 전역으로 퍼져나갔다. 수많은 기자가 그를 찾아와 질문을 던졌다.

"토드 씨, 갑자기 폭삭 망해 가난해진 기분은 어떠신가요? 앞으로 영화 투자는 안 하실 건가요?"

그는 이렇게 답했다.

"이봐요, 기자 양반. 나는 잠시 돈을 잃었을 뿐이오. 돈이 없다고 마음까지 가난해지는 건 아니지. 두고 보시오, 난 반드시 재기할 거요."

얼마 지나지 않아 그는 정말로 재기에 성공했다. 다음 작품이 크게 흥행해 다시 백만장자가 되었으며, 영화계 상류사회에 이름을 올렸다. 마이크 토드의 말처럼 돈이 없는 것은 일시적인 상황이고, 가난하다고 마음까지 가난한 것은 아니다.

성공한 미국인의 90퍼센트가 아무것도 없이 빈손으로 시작해 수년간의 노력으로 대단한 부와 성공을 일구었다. 볼품없는 꿈과 열정으로는 이룰 수 없는 일이다. 어떤 사람들은 돈이 많을수록 오히려 행복하지 않다고 주장하기도 하는데, 오랜 시간 재력가들을 가까이하며 끊임없이 연구한 내가 장담하건대 그들은 아주 행복하다. 이렇게 말하면 혹자는 재력가들이 그 자리에 오른 것은 단지 운이 좋았기 때문이라고 반박한다. 그렇게 생각할 수도 있다. 나처럼 허드렛일을 하며 사회생활을 시작한 사람부터 자국의 큰 사건을 피해 힘겹게 미국에 도착한 이민자, 몇 년 동안 빈민가에 살았던 사람까지 그들의 배경이 말도 안 되게 초라했으니 말이다.

1980년대부터 반도체 회사 인텔의 경영직을 맡아 크게 성장시킨 앤디 그로브Andy Grove도 그런 오해를 받는 사람 중 하나다. 미국 역사상 가장 위대한 기업가 중 하나로 꼽히는 그의 본명은 안드라스 그로프András Gróf다. 즉, 헝가리 출신 이민자다. 그는 1956년 헝가리 혁명이 일어나고 러시아(당시 소련)가 이를 무력으로 진압하던 때 홀로 자국에서 탈출해 뉴욕으로 망명했다. 그 후 영어를 배우고 대학에 진학해 화학공학 학위를 받았다. 이민자라는 신분에 갇히지 않고 경영학 학위까지 받은 뒤 샌프란시스코의 한 반도체 회사에서 사회생활을 시작했다. 그리고 1968년에 동료들이 회사를 떠나 인텔을 창립하자 이듬해에 합류해 1987년에는 CEO 자리에 앉았고, 1997년부터는 8년 동안 회장직을 역임했다. 그는 인텔을 세계 최고의 반도체 기업으로 만들었다는 평가를 받는다. 헝가리 혁명을 피해 탈출하고 빈털터리로 미국에 도착했던 무일푼 청년이 이 모든 위대한 업적을 이루어낸 것이다.

흔히 사람들은 누군가 큰 성공을 거둔 것을 보면서 운이 좋았을 것이라고 생각한다. 어쩌면 그렇게 믿어야 노력하지 않는 자신에 대한 면죄부가 생기기 때문일지도 모른다. 그러나 그들을 가까이서 들여다보면 그들에게는 엄청난 노력으로 수없이 많은 실패를 딛고 일어난 기나긴 역사가 있다. 나는 최근에 기회가 되어 누군가와 잠시 대화를 나누었는데, 안타깝게도 그 역시 성공한 사람들은 단지 운이 좋아 어쩌다 성공했을 뿐이라고 생각하고 있었다. 나는 이렇게 물었다.

"당신은 똑똑한 사람이지요. 혹시 성공한 사람들이 실패한 사람들보다 10배 이상 실패했다는 사실을 알고 있나요?"

그러자 그가 흥분한 듯 큰 소리로 답했다.

"글쎄요, 그건 사실이 아닙니다! 성공한 사람들은 실패하는 게 아니라 잠깐 막히는 것뿐이지요. 무언가가 발에 채여 잠시 휘청거린 거지요. 알고 보니 그게 호재였던 거고요."

"아니, 통계적으로 성공한 사람은 보통 사람보다 훨씬 더 많이 실패합니다."

그에게 들려준 사례를 여기에 그대로 풀어놓겠다. 당신도 읽고 생각해보라. 한 라디오 인터뷰에서 사회자가 쉬는 시간을 앞두고 자수성가한 백만장자 네 명에게 다음과 같은 질문을 던졌다.

"여러분은 큰돈을 벌게 해준 지금의 사업 이전에 얼마나 많은 사업을 해보셨나요?"

그들은 쉬는 시간에 각자 자신의 답을 계산해보았다. 나온 답의 평균을 내보니 17이라는 숫자가 나왔다. 그들은 16번째 사업까지 완전히 또는 반쯤 실패했으며, 평균적으로 17번째 사업에서 비로소 큰 성공을 거두고 부자가 되었다. 사회자는 다른 질문도 던졌다.

"16번째 사업까지는 정말 실패했나요? 잠시 주춤한 게 아니라요? 실패한 뒤엔 어떤 생각을 하셨지요?"

백만장자 네 명은 입을 모아 이렇게 답했다.

"크게 실패했지요. 거의 쫄딱 망했습니다. 하지만 아주 귀중한 가르침을 얻은 경험이었습니다. 확신하건대 그 실패들이 없었다면 저는 결코 이렇게 큰 성공을 거두지 못했을 겁니다."

어쩌다 성공했다고? 그런 일은 없다. 좋은 하루는 저절로 찾아오지 않듯이 성공은 절대 저절로 찾아오지 않는다.

동기부여에 대한 2가지 착각

성공한 사람들에 대한 오해와 더불어 동기부여에 대해 오해하는 사실도 있다. 다름 아닌 동기부여가 긍정적인 상황에서만 제대로 그 힘을 발휘한다는 것이다. 물론 당신에게 우호적이고 지지해주는 환경에서 긍정적인 인풋을 받으면 동기부여에 확실히 도움이 된다. 하지만 헝가리 혁명을 피해 미국으로 이주한 앤디 그로브의 사례에서 보듯이 동기부여는 아주 어렵고 절박한 상황에도 충분히 이루어질 수 있다.

부정적인 상황에서 어떻게 동기부여가 되는지를 심리적으로 살펴보자. 심리학의 수많은 연구는 우리가 어른이 되면 어린 시절 가장 크게 박탈감을 느꼈던 것에 집착하게 된다고 말한다. 이를테면 경제적으로 어려운 가정에서 자랐다면 어른이 되어 물질적인 성공에 집착한다. 어린 시절에 부모에게 사랑받지 못했다면 성인이 되어 많은 이에게 사랑받으려 애쓸 것이다. 학교에서 친구들에게 무시당했다고 느꼈다면 타인에게 인정을 받으려고 노력할지도 모른다. 실제로 대부분의 할리우드 배우들은 어린 시절에 채워지지 못한 욕구에 의해 움직인다. 유명 배우 중 상당수가 어린 시절 부모님의 관심과 사랑을 충분히 받지 못하고 자랐고, 우연히 박수갈채를 받은 경험이 그들을 할리우드에 헌신하게 한 것이다.

나는 좋은 환경에서만 동기를 부여받을 수 있다는 잘못된 믿음을 깨부수고 싶었다. 그래서 성공한 사업가들을 만나면 항상 몇 살 때 처음 일을 시작했느냐는 질문을 던졌다. 10~11세라는 답이 나왔다. 나도 마찬가지였다. 내가 열 살 때 부모님은 집안 사정이 좋지 않아 학교에 입고 갈 옷을 사줄 수 없으니 스스로 돈을 벌어 사 입으라고 했다. 더운 여름날이었다. 나는 부모님의 말에 고개를 끄덕이곤 집 밖으로 나가 괭이를 들고 이웃집마다 돌아다니며 잡초를 캐주겠다고 했다. 마침 동네에 사는 한 아주머니의 뒷마당에 잡초가 무성하게 자라 있었다. 나는 1시간에 25센트의 시급을 받으며 잡초를 정리했다. 뙤약볕에서 땀을 뻘뻘 흘리며 잡초가 무성한 마당에서 괭이질을 반복했다. 마당 전체의 잡초를 캐고 갈퀴로 그러모아 치우기까지 2주 정도의 시간이 걸렸다. 그렇게 번 돈으로 새 학기에 입을 옷을 샀다. 그리고 그날 이후로 나는 부모님께 단 한 번도 손을 벌린 적이 없다.

세계 최고 자산가로 꼽히는 워런 버핏Warren Buffett도 열네 살 때는 돈이 많지 않았다. 매일 새벽 4시에 일어나 신문 배달을 했고 신문 한 부를 배달할 때마다 1센트를 벌었다. 다행히 그는 부모님 집에서 살았던 덕분에 번 돈을 전부 저축할 수 있었다. 그렇게 3~4년간 신문 20만 부를 배달해 2,000달러라는 종잣돈을 모았고 1962년에 전부 투자에 사용했다. 그리고 오늘날 그의 자산은 1,040억 달러에 이른다. 그가 운이 좋아서 갑자기 그렇게 큰돈을 만지게 된 것일까? 결코 그렇지 않다. 신문 배달로 번 푼돈을 꾸준히 저축한 것이 시작이었다. 그런데도 사람들은 백만장자는 단지 운이 좋았을 뿐이고, 시작부터가 달랐다고 생각하니 안타깝다. 버핏의 부가 어디서 시작되었는지 똑똑히 보라. 경제적으로 어렵고 아무런 지지도 없는 부정적인 상황에서도 얼마든지 비전을 향한 여정을 시작할 수 있다.

긍정적인 상황에서의 동기부여를 평가 절하하려는 것이 아니다. 동기부여는 상황이 어떻든 자신이 지금보다 훨씬 더 대단한 사람이 될 수 있다는 잠재력을 깨달을 때 저절로 작동한다는 것을 전하고 싶다. 나는 심리학자 에이브러햄 매슬로를 통해 나의 잠재력을 깨달았다. 그는 "우리가 가진 능력은 쓰여지기 위해 아우성을 치고 있다. 우리가 자신의 능력을 최대한 발휘할 때만 이러한 내면의 아우성을 잠재울 수 있다"라고 말했다. 이 사실을 깨닫고 나는 남들이 술을 마시고 놀러 나갈 때 무수히 많은 시간을 공부에 투자했다. 책상 앞에 앉아서 몇 시간씩 성공한 사람들의 책을 읽었다. 이때 부정적인 감정을 제거해야 하는 이유와 그 방법을 배웠다. 우리의 감정이 존재하는 곳은 비어 있지 않다. 어떤 감정이든 항상 들어차 있다. 때문에 부정적인 감정을 비우면 긍정적인 감정으로 채우기가 수월해진다. 행복과 즐거움뿐 아니라 목표 의식도 긍정적인 감정의 한 형태다. 부정적인 감정을 내보내기 어려울 땐 목표에 대해 생각하는 것으로 시작하면 된다.

스스로에게 물어보라. "인생에서 정말로 하고 싶은 일은 무엇인가?" 잠시 시간이 지난 뒤 다시 물어보라. "내가 평생을 바쳐 진정으로 하고 싶은 일은 무엇인가?" 끈질기게 생각해보라. "내가 평생을 바쳐 진정으로, 진심을 다해 하고 싶은 일은 과연 무엇인가?" 만약 아무런 걸림돌 없이 무엇이든 할 수 있고 그 일에 필요한 지식과 능력을 이미 갖추었다고 가정한다면 당신은 어떤 삶을 살고 싶은가? 답이 명확하고 뚜렷하게 그려지는가? 가장 중요한 것은 당신의 목표다. 당신이 꿈꾸는 미래가 선명하게 보여야 한다. 선명한 이미지는 그 자체로 긍정적인 동기부여가 된다.

동기부여에 관한 또 다른 뿌리 깊은 고정관념은 일단 불붙으면 영원히 지속될 것이라는 착각이다. 실제로 이런 믿음은 신화처럼 굳어져서 어느 동기부여 전문가가 강연에서 "사람의 마음에 한번 동기부여의 불이 들어오면 절대 꺼지지 않는다"라고 말했을 정도다.

많은 사람들은 한번 마음을 동하게 한 동기부여가 계속 유지되어 일상에 극적인 변화가 생기길 바란다. 당연한 일이다. 동기부여가 한번만으로 자동적으로 유지되어 당신을 끊임없이 나아가게 해주면 얼마나 좋겠는가. 그러나 일반적으로 동기는 매일 새롭게 창조되어야만 한다. 만약 적절한 동기가 반복적으로 부여되지 않는다면 당신은 곧 컴포트존에 갇혀 성장을 멈출 것이고, 힘겹게 이룬 성공조차 따분한 일상처럼 느껴질 것이다.

언젠가 얼 나이팅게일Earl Nightingale과 함께 나이팅게일 코넌트 사社를 창립하고 세계적인 자기계발 프로그램을 만들어낸 로이드 코넌트Lloyd Conant와 대화를 나눌 행운이 있었다. 그는 다음과 같이 말했다. "우리의 잠재의식에는 성공의 템플릿이 있다네. 목표를 하나 달성하면 그 결과로 성공의 템플릿이 하나 생기는 거지. 그것은 마치 건물의 뼈대와 같아. 우리는 그 뼈대에 콘크리트를 붓는 일만 하면 되는 거지. 그래서 성공을 경험해보는 게 중요한 거야. 그 크기는 상관없이 말이야."

작지만 지속적인 동기부여의 중요성은 이탈리아 경제학자 빌프레도 파레토Vilfredo Pareto가 주창한 80/20 법칙에서도 찾아볼 수 있다. 20퍼센트의 원인에 의해 80퍼센트의 결과가 발생한다는 법칙으로, 기업의 수익 모델을 구상하거나 개인의 시간 관리법을 말할 때 적용되곤 한다. 이는 개인의 성장과 변화에도 적용해볼 수 있다. 무의미한 80퍼센트에 에너지를 낭비하지 말고 성공을 만드는 20퍼센트의 핵심 요인에 집중하라는 뜻으로 말이다. 남들이 좋다고 말하는 것을 이리저리 쫓아다니며 일상을 보내는 대신 내 인생에서 꼭 없애야 할 나쁜 습관을 제거하고, 매일 하면 좋은 습관을 자리 잡게 하는 데 에너지를 집중하라. 잠들기 전에 휴대폰을 보지 않는 것, 술이나 담배를 끊는 것에서부터 매일 아침 일찍 일어나는 것, 퇴근 후 1시간씩 운동을 하는 것까지 실천할 수 있는 일은 무궁무진하다. 작은 성공은 엔도르핀을 가져다준다. 머릿속에서 화려한 불꽃놀이가 벌어지는 것이다. 작은 무언가를 성취하는 순간, 당신은 슈퍼컴퓨터처럼 훨씬 더 큰 성공으로 나아가도록 프로그래밍된다. 작은 성공이 당신의 인생을 크게 바꾸어줄 것이다.

중간에 포기하는 당신이 잊지 말아야 할 것들

한편 성공은 시각화하는 것이 매우 중요하다. 미국 최대의 미식축구 리그인 내셔널풋볼리그NFL의 결승전에 진출한 두 팀에 관한 흥미로운 연구 결과를 예로 들어보겠다. 두 팀은 모두 각자의 리그에서 승리하고 올라온 절대 강자들이었다. 당연히 모두가 박빙의 결과를 예상했지만 한 팀이 다른 팀을 45대 8이라는 큰 점수 차로 압승하는 이변이 일어났다. 어찌 된 일일까? 선수들의 인터뷰에서 실마리를 찾을 수 있었다.

경기 후, 연구진은 양 팀 선수들을 각각 인터뷰했는데 패배한 팀의 선수들은 경기 내내 이전의 승리감에 도취되어 있었다. 앞선 경기에서 연속해서 이기고 마침내 환호하는 수천 명의 관중에 둘러싸여 슈퍼볼 경기장에 입장했다는 기쁨이 그들을 사로잡았던 것이다. 반면, 우승팀 선수들은 슈퍼볼(결승전) 트로피를 들고 경기장을 뛰어다니는 모습을 상상했다고 말했다. 좋은 성적을 거두고 지금의 자리에 올라왔다는 성취가 아니라 최종적으로 승리하는, 더 큰 미래를 계속 상기했던 것이다. 생생하게 떠올릴수록 행동에 영향을 주고, 꿈의 크기가 클수록 행동도 그에 맞추어진다는 진리를 엿볼 수 있는 일화다.

모든 목표는 더 큰 목표로 이어져야 한다. 하나의 목표가 달성되어갈 때쯤 다음 목표가 정해져 있어야만 하는 것이다. 하나의 산을 넘을 때마다 점점 더 높은 산을 바라보는 것처럼 목표도 계속 수정되어야 한다. 그렇다면 목표가 상황에 맞추어 적절히 수정되는 것만으로 무리 없이 성공할 수 있을까? 단호히 말하건대 절대 그렇지 않다. 이는 간절히 원하면 이룰 수 있다는 허황된 믿음에서 출발하는 논리다. 일부 동기부여 강연과 책들은 사람들을 어리석은 신념으로 이끄는 듯하다. 호주의 방송작가로 지내다 '끌어당김의 법칙'으로 일약 베스트셀러 저자가 된 론다 번Rhonda Byrne의 『시크릿』(살림Biz, 2007)이 그 적절한 예시다.

그 책은 행복한 생각을 하고 행복한 장면을 반복적으로 떠올리면 좋은 일이 일어날 것이라고 가르친다. 하지만 책 어디에도 노력이라는 단어는 나오지 않는다. 사람들이 그 책에 미친 듯이 열광했던 이유는 노력할 필요 없이 그저 간절히 원하고 바라는 것만으로 성공할 수 있다는 메시지에 혹해서가 아닐까?『시크릿』의 핵심 내용은 한마디로 당신이 원한다면 할 수 있다는 것이다. 강렬하게 불타오르는 의지, 욕망만 있으면 된다고 말이다. 하지만 내가 보기에 그 생각은 틀렸다. 강렬한 욕망은 단지 시작일 뿐이다. 지도를 보고 목적지를 결정하는 단계에 가깝다. 이후에는 몸을 움직여 그곳으로 나아가야 한다. 행동과 노력이 없는 목표는 엔진도 없이 바다를 표류하는 배일 뿐이다.

또한 해야 하므로 할 수 있다는 동어반복적인 믿음도 성공으로 나아가는 길을 방해한다. 많은 사람들이 다음과 같이 말한다. "나는 많은 돈을 벌어야만 해", "나는 이 목표를 달성해야 해." 하지만 해야만 하는 일과 할 수 있는 일은 엄연히 다르고 서로 아무런 연관도 없다. 나는 "기도했으면 걸음을 옮겨라Pray and move your feet"라는 격언을 좋아한다. 목표를 명확하게 파악하고 분명히 설정한 다음에는 행동으로 옮겨야 한다는 메시지를 직관적으로 전달하기 때문이다.

그렇다면 행동, 즉 실행은 어떤 방식으로 해야 할까? 목표를 달성하고 싶다면 우선 작은 단위로 나누어야 한다. 3단계든 10단계든, 작은 목표로 나누어 한 번에 한 걸음씩 내딛는 것이 좋다. 아주 높은 계단도 한 번에 한 칸씩 오르면 언젠가 꼭대기에 도달하기 마련이다. 당신은 그저 매일 하루에 한 칸씩만 올라가면 된다. 이렇게 단계를 나누어 실행하다 보면 처음에는 진전이 거의 없는 것 같아 동기부여가 되지 않을 수도 있다. 하지만 가속도의 법칙에 따라 점차 속도가 붙을 것이다. 뿐만 아니라 그 목표를 당신 쪽으로 끌어당기는 힘도 만들어진다. 그렇다. 진정한 끌어당김의 법칙은 행동을 수반해야 한다. 물론 처음부터 목표가 시야에 들어오지는 않겠지만, 비슷한 사람끼리 서로 끌리듯 움직이는 것들은 서로를 끌어당긴다. 당신과 목표가 서로를 향해 움직이면 더 빠르게 성공에 가까워질 것이다.

여기서 잊어서는 안 될 것이 있다. 대부분의 목표는 마지막 20퍼센트의 노력을 채웠을 때 달성된다는 것이다. 오랜 시간 노력했는데 눈에 띄는 성과가 보이지 않는가? 포기하기엔 이르다. 당신이 계속 버티고 목표를 향해 전진하면 어느 순간 갑자기 일이 술술 잘 풀리기 시작할 것이다. 가속도의 법칙에 따라 점점 더 빠르게 움직일 테니 걱정할 필요 없다. 예상하고 기대한 것과 다른 방식일지라도 결국 목표는 이루어진다. 많은 사람들에게 영감을 준 성공학의 대가 얼 나이팅게일은 행복을 가치 있는 이상이나 목표의 점진적인 실현이라고 표현했다. 목표가 작게나마 현실로 이루어지는 모습을 보면 동기는 계속해서 재생산된다. 그렇기에 우리는 끝까지 힘을 낼 수 있다.

너무 당연해 자주 간과되는 성공 메커니즘

누구나 학창 시절에 관성의 법칙을 배운다. 움직이는 물체는 외부에서 다른 힘이 가해지지 않는 한 일정한 속도로 움직인다는 것이다. 만약 당신이 허공에 공을 던지면 공은 공기를 가르고 나아가다가 중력에 의해 지면으로 떨어질 것이다. 하지만 중력이 없는 탁 트인 공간에서 공을 던진다면 공은 무한대로 계속 움직일 것이다. 당신도 마찬가지다. 외부의 방해를 차단한다면 무한대로 성장할 힘이 당신에게 있다.

성공의 과정에는 모멘텀의 법칙이 적용된다는 점을 기억하라. 외부에서 오는 변수가 제거된다면 얼마든지 성공을 크게 키워갈 수 있다. 앞에서 설명한 가속도의 법칙과도 일맥상통한다. 목표를 향해 처음 움직이기 시작할 때는 진전이 매우 느린 것처럼 보인다. 대부분의 사람들이 중도에 포기하는 이유다. 살을 빼고 싶다면 다이어트를 시작하고 2주 동안은 몸무게를 재지 말라는 것도 그래서다. 보이지 않는 곳에서 분명 변화가 일어나고 있지만 겉으로는 아무런 변화가 보이지 않을 수도 있기 때문이다. 이는 실망감을 안겨주고 자포자기하게 만들기도 한다. "식단을 조절하고 운동을 해도 나는 아무런 변화가 없구나"라는 생각이 들어 힘이 빠진다. 그러나 2주가 지나고 몸무게가 줄어드는 것이 눈으로 보이는 순간부터는 자신감이 붙는다. "확실히 효과가 있구나. 할 수 있어. 노력할 가치가 있다고!"라는 생각이 들고 이때 누군가 "혹시 살 빠졌어?"라고 묻기라도 하면 성공으로 향하는 모멘텀은 더 커지기도 한다(참고로 이 말은 대부분의 미국인에게 최고의 칭찬이다).

다시 말해 거의 모든 것은 당신의 믿음에 달렸다. 타인의 말이나 눈앞의 결과에 휘둘리지 않고 목표를 달성할 것이라고 확신한다면 무엇도 당신을 막지 못한다. 목표를 향해 한 걸음 내디딜 때마다 믿음도 커질 것이다. 불가능할 것이라며 두려워하던 마음은 어느새 사라지고 스스로에 대한 강한 믿음이 생길 것이다.

처음에는 불신 상태에서 시작할 수도 있다. 무언가를 성취하기 전에는 자기 자신을 믿지 못할 수도 있다. 부자가 되고 싶다고 생각은 하면서도 그 목표에 다가갈 수 있다고 믿지 못하는 것이다. 하지만 "목표를 세우면 부자가 될 수 있고, 나는 그 목표를 이루기 위해 노력할 거야. 이미 노력하고 있지"라고 생각한다면 달라진다. 노력하며 조금씩 나아가다 보면 불신이 줄어들고 심리적 중립지대에 이르기 때문이다. 완전히 믿지는 못하지만 그렇다고 믿지 않는 것도 아닌 상태 말이다. 이때가 중요하다. 거기에서 더 나아가면 믿음이 생기고 점차 커지기 시작한다. 한번 생긴 믿음은 불어나는 눈덩이처럼 빠르게 커진다. 머지않아 확신이 들고 너무 커져 도저히 멈출 수 없는 지점에까지 이른다. 그때부터 그 무엇도 목표를 향해 나아가는 당신을 막을 수 없다. 당신이 당신의 가능성을 100퍼센트 확신하기 때문이다. 누구보다 든든한 천군만마 같은 지원군을 등에 업은 셈이다.

세계적인 성공학 구루이자 『위대한 상인의 비밀』(월요일의꿈, 2024)을 쓴 저자 오그 만디노Og Mandino는 예전에 나에게 이렇게 말했다. "브라이언, 성공의 비밀이란 것은 없네. 수 세기에 걸쳐 계속해서 배우고 반복해온 시대를 초월한 진리만 있을 뿐이지."

고대 그리스 로마 시대의 키케로와 플루타르코스 같은 위대한 사상가들도 동일한 성공 원칙을 제시했다. 명확한 목표를 정한 뒤 계획을 세우고 실행에 옮기는 것 그리고 즉시 행동에 돌입하고 목표를 달성할 때까지 계속 노력하는 것. 이것은 절대 비밀이 아니다. 너무나 당연하고 뻔해 보이기에 간과되곤 하는 성공 원칙이다. 오늘날까지 성공한 수백만 명의 거장과 위인들에 의해 끊임없이 증명된 진리다.

누구나 내면에 성공과 실패의 메커니즘이 존재한다. 실패의 메커니즘은 본능적으로 발동한다. 전체 인구의 80퍼센트가 항상 돈 걱정을 하면서도 지극히 평범한 삶을 벗어나지 못하는 것도 그 때문이다. 반면 성공의 메커니즘은 방아쇠를 당겨야만 발동한다. 그 방아쇠 역할을 하는 것이 목표다. 목표를 세우면 성공 메커니즘이 작동하며 실패 메커니즘을 차단한다. 당신이 목표를 향한 행동을 지속하는 한, 인생에서 실패 메커니즘은 다시는 작동하지 않을 것이다.

한 번에 인생 전체를 바꿀 필요는 없다

진짜 동기부여는 성장하고 있다는 생생한 감각에서 온다. 작은 성취가 쌓여 해낼 수 있다는 자신감이 붙으면 자연스레 다음 행동을 향한 새로운 동기가 생긴다.

자아개념의 3요소

- 자아이상: 내가 꿈꾸는 이상적인 나의 모습
- 자아상: 스스로 바라보는 종합적인 나의 모습
- 자존감: 나 자신을 사랑하고 가치 있게 여기는 마음

목표 달성 과정의 3가지 법칙

- 80/20의 법칙: 20퍼센트의 원인에 의해 80퍼센트의 결과가 발생한다. 작지만 강한 핵심 요인에 집중했을 때 인생이 바뀐다.
- 가속도의 법칙: 무언가를 처음 시작할 때는 더디게 나아가지만 목표에 다가갈수록 점차 속도가 붙는다.
- 모멘텀의 법칙: 외부의 방해를 차단하고 내면의 목소리에만 귀를 기울이면 목표를 향한 동기는 절대 줄어들지 않는다.

긍정적인 자아개념 확립하기

01 당신이 생각하는 이상적인 나의 모습은 무엇인가?

02 당신이 생각하기에 당신은 어떤 사람인가?
    그 모습은 위에서 서술한 자아이상과 얼마나 다른가?

03 가까운 사람에게 당신을 어떻게 생각하는지 물어보라.
    그 모습은 당신이 생각하는 모습과 어떻게 다른가?

04 "나는 나를 좋아한다"라고 세 번 소리내어 말해보라.
    그리고 그 이유를 세 가지 적어보라. 성공을 향한 첫걸음이 될 것이다.

3장

성공을 가속화하는
성장 마인드셋

"사람은 생각하는 대로 된다."

─얼 나이팅게일(20세기의 가장 위대한 성공학 멘토)

"마음으로 상상하고 믿을 수 있는 것이라면
무엇이든 이룰 수 있다는 사실을 기억하라."

─나폴레온 힐(『생각하라 그리고 부자가 되어라』 저자)

프랑스계 미국 소설가이자 초현실적인 문체로 다수의 작품을 남긴 아나이스 닌Anaïs Nin은 말했다. "우리는 세상을 있는 그대로 보지 않고 마치 우리를 보듯이 본다."

우리는 각자의 믿음이라는 좁은 통로로 세상을 바라본다. 이 통로는 어떤 것은 보지만 어떤 것은 보지 못하게 하는 칸막이가 된다. 마치 경주마가 옆을 보지 못하도록 시야를 차단하는 눈가리개와 같다. 믿음이라는 좁은 시야에 갇혀 바깥에 있는 것을 제대로 보지 못하는 경우가 많은 것이다.

모든 믿음은 학습으로 인해 형성된다. 자기 자신에 대한 믿음은 어린 시절의 경험들이 차곡차곡 쌓여 만들어진다. 그리고 그 믿음이 당신이 생각하고 느끼고 행동하는 모든 방식을 결정한다. 어떤 사람들은 어릴 때부터 긍정적인 믿음을 쌓지만 어떤 사람들은 부정적인 믿음에 갇힌다.

일례로 전 세계의 수많은 사람들이 종교를 믿고 신앙생활을 하는데, 그중 일부는 믿음이 너무 커져 광적으로 집착하기도 한다. 그들은 처음부터 그랬을까? 그렇지 않다. 그들도 갓 태어났을 때는 그 종교에 대해 아무것도 알지 못했다. 그들이 알고, 생각하고, 믿고, 심지어 당장 목숨을 바칠 정도로 헌신하는 모든 신념은 살아가는 동안 우연히 또는 의도적으로 학습된 것이다. 별자리 운세나 누군가의 지나가는 말 한마디에 그와 같은 큰 믿음이 생기기도 한다. 안타깝게도 사실과 다른 잘못된 믿음을 가진 사람도 무척 많다.

당신이 하는 모든 일은 잠재의식 속 믿음의 산출물이므로 인생을 바꾸려면 믿음을 바꾸어야 한다. 이와 관련해 개인적인 에피소드가 있다. 몇십 년 전 아직 미혼일 때 갑자기 기관지염에 걸린 적이 있다. 증상이 아주 지독했다. 다행히 크리스마스를 앞둔 연휴였기에 출근하지 않아도 되었고 집에서 혼자 며칠 푹 쉬고 나니 곧 회복했다. 그 후 이듬해 크리스마스 무렵, 나는 다시 기관지염에 걸렸다. 이번에도 일주일 동안 꼼짝없이 집에서 쉬어야만 할 만큼 증상이 심했다. 그때부터였던 것 같다. 나는 해마다 비슷한 시기에 기관지염이 재발할 것이라는 이상한 믿음이 생겼다. 크리스마스 무렵이면 어김없이 기관지염에 걸릴 것이라는 생각에 기쁜 연휴를 맞이하기도 전에 우울해지기도 했다. 그러던 어느 날, 간호사인 친구와 대화를 나누다가 이 이야기를 꺼냈다.

"나는 매년 크리스마스쯤이면 기관지염에 걸리곤 해."

"뭐? 그게 무슨 말이야?"

"어디서 들었는데, 기관지염은 한 번 걸리면 해마다 비슷한 시기에 다시 걸린다더라고. 체질이 변해서 말이야."

"웃기는 소리, 말도 안 돼. 의학적인 근거가 전혀 없잖아."

"아, 정말? 근거가 없다고?"

"당연하지. 대체 어디서 그런 소리를 들은 거야?"

그녀와 대화를 나누고 얼마 뒤, 12월이 찾아왔지만 나는 기관지염에 걸리지 않고 무탈하게 크리스마스를 넘겼다. 지금 생각해보면 아플 것이라고 철썩같이 믿으니 몸이 그 영향을 받았던게 아닌가 싶다. 아프다고 생각하며 엄살을 부리면 더 아프게느껴지는 것처럼, 한동안 부정적인 믿음으로 나 자신을 아프게한 것이다. 친구와 대화를 나눈 이후로는 크리스마스가 다가와도 내 기관지는 끄떡이 없다.

한 사람의 사고방식에 가장 큰 걸림돌이 되는 것은 자기 제한적 믿음이다. 성적이 좋지 않다는 이유로 지능이 떨어진다고 생각하거나, 성과를 내지 못했으니 능력이 부족하다고 자책하는것, 좋은 아이디어를 떠올리지 못했으니 창의력이 전혀 없다고여기는 것, 운동이나 예술에 있어서 여기까지가 한계라는 생각등이 모두 자기 제한적 믿음에 해당한다. 누군가가 무심코 던진부정적인 평가가 우리를 인생의 항로에서 이탈하게 만들 수도있다. 부모가 자식에게 지나가듯 하는 말도 그렇다.

어린 시절 아버지는 나에게 "브라이언, 넌 음악적 재능이 전혀 없구나. 음악을 제대로 감상할 줄도 모르겠어"라고 했다. 그즈음 기타를 배우고 싶었던 나는 아버지의 지나가는 말에 해보지도 않고 지레 포기해버렸다. 그렇게 자포자기의 심정으로 지내다가 어느 날 갑자기 이런 생각이 들었다. "그래, 나는 카네기홀에 설 정도로 대단한 음악가가 되지는 못할지도 몰라. 하지만 내게 음감이 전혀 없는 것은 아니지. 나는 음악을 듣는 걸 좋아하잖아." 자기 제한적인 믿음을 스스로 깨뜨린 것이다.

반대로 부모가 자녀를 자기 제한적 믿음에서 벗어나도록 할 수도 있다. 내 아들 데이비드는 아이들이 으레 그렇듯 이런저런 도전을 하고 실패하기 일쑤였다. 어느 날 데이비드가 내게 말했다.

"아빠, 저는 앞으로 아무것도 못할 것 같아요. 계속 실패할까 봐 걱정되고 두려워요."

나는 녀석에게 말했다.

"데이비드, 난 네 아빠라서 너를 아주 잘 안단다. 너는 아무것도 두려워하지 않아. 네 안에는 무엇이든 끝까지 시도할 끈기와 용기가 있어."

"아니에요, 아빠. 저는 놀이터에서 놀 때도 그렇고 학교에서 질문할 때도, 친구를 사귈 때도 두려운걸요. 하고 싶은 일을 다 해낼 수 있을지 모르겠어요."

나는 데이비드를 위한 작은 이벤트를 계획했다. 아내 바버라와 함께 아이에게 용기를 불어넣어주기로 한 것이다. 가족들과 함께 차를 몰고 어딘가에 갈 때마다 나는 조수석에 앉은 바버라에게 데이비드는 참 용감한 아이라고 말을 건넸다.

"여보, 요즘 나를 가장 힘나게 하는 일이 뭔지 알아? 우리 아들 데이비드가 아무것도 두려워하지 않는다는 거야. 참 대견한 녀석이지. 그렇지 않아?"

뒷자석에 앉은 데이비드에게 잘 들릴 정도로 크게 말했다. 나는 그 말을 매번 반복했고, 급기야 평소에도 아들을 '용감한 데이비드'라고 부르기 시작했다.

"용감한 데이비드, 오늘 하루는 어땠니?"

아들이 그 말을 듣고 자연스럽게 스스로 용기가 있다고 느끼길 바랐다. 이 방법은 정말 효과가 있었다. 데이비드가 열 살 정도 되었을 때, 우연히 친구와 대화하는 것을 들었다.

"난 아무것도 두려워하지 않아! 언제든지 무엇이든 난 할 수 있다고 생각해. 그러니까 이번에도 일단 한번 해보려고 해."

아들에게 자신감을 심어주기 위해 시작한 일이었지만 나도 이 일을 통해 말과 믿음의 힘을 체감했다. 이제 성인이 된 데이비드는 신뢰받는 부동산 중개업자로 일하고 있다. 고객들을 직접 찾아가야 하는 쉽지 않은 일이지만 아들은 자기 효능감을 발휘하며 매일 새로운 기록을 달성하고 있다.

낡은 믿음을 버려야 인생의 액셀을 밟는다

자신을 옭아매는 자기 제한적 믿음에 반박하는 첫걸음은 스스로에게 이렇게 묻는 것이다.

"나의 약점은 무엇인가?"

"나는 어떤 부분에서 제한을 받고 있는가?"

나의 경우 학교도 제대로 졸업하지 못하고 무일푼 상태로 고된 사회생활을 시작했기 때문에 나에 대한 제한적인 믿음이 많았다. 그리고 그 믿음들이 내가 만들어놓은 한계에 불과하고 사실이 아니라는 것을 알게 되었을 때 정말 신선한 충격을 받았다. 어쩌면 당신은 누군가의 잘못된 말을 평생 믿어왔을 수도 있고, 한두 번의 실패 경험으로 잘못된 자아상을 지니게 되었을 수도 있다.

한 가지 예시를 들어보겠다. 노동자 계급 가정에서 자란 톰이라는 소년이 있었다. 그의 아버지는 공장 노동자였고 온 가족이 둘러앉은 저녁 식탁에서 늘 이렇게 말하곤 했다.

"우리 윌슨 집안 사람들은 대대로 노동자였어. 항상 힘을 쓰는 일을 했고 앞으로도 그럴 테지. 너희들도 자라서 근면성실한 일꾼이 되길 바란다."

아버지의 말을 듣고 자란 톰은 학교를 졸업하고 즉시 힘을 쓰는 일자리를 구해 성실하게 일했다. 일을 시작한 지 2년이 지난 어느 날이었다. 톰이 고속도로 옆 배수로를 파는 작업을 하고 있을 때였다. 공사 때문에 차들이 서행하는 와중에 낯선 차한 대가 그의 옆으로 바짝 다가왔다. 고개를 들어 보니 운전석에 고등학교 동창이 앉아 있었다. 분명 톰보다 성적이 더 좋지도, 똑똑하지도 않은 친구였는데 아주 좋은 차를 운전하고 있었다. 옷차림도 번지르르했다. 어찌 된 일일까? 톰은 친구에게 말을 걸었다.

"글렌! 정말 오랜만이야, 반갑다. 잘 지냈어?"

그러자 친구가 말했다.

"잘 지내지, 톰. 오랜만이야. 나는 세일즈 일을 하고 있어. 사람들에게 생명 보험을 권하는 일이지. 수입이 괜찮아서 얼마 전에는 집도 샀어. 올해 안에 결혼할 예정이고. 너도 잘 지내지?"

뒤에서 빵빵거리는 차들 때문에 글렌은 잠시 이야기를 나누다 금방 떠날 수밖에 없었다. 톰은 그 짧은 대화에 깊은 생각에 잠겼다. 어린 시절부터 육체 노동밖에 할 수 없을 것이라는 아버지의 말을 믿고 곧이곧대로 살아왔는데 자신보다 똑똑하지도 않고 잘난 구석도 하나 없던 동창이 근사하게 살고 있는 모습을 보니 자신이 너무 초라하게 느껴졌다.

그는 자리에서 일어나 배수로에 삽을 던져버리고 그 길로 막노동을 그만두었다. 얼마 뒤에는 작은 회사에 영업직으로 취직에 성공했고, 놀랍게도 불과 6년 후에는 자기 사업체를 운영하는 백만장자가 되었다. 그는 평생 노동자로 살 것이라는 잘못된 믿음에 경도되어 있었다. 하지만 지금까지 믿어왔던 것이 사실이 아님을 알게 된 순간, 인생의 전환점을 맞이했다. 마치 새장에서 벗어나 날아오르는 새처럼 상황이 완벽히 역전된 것이다.

누구에게나 발목을 붙잡는 잘못된 믿음이 있다. 부정적인 믿음은 잠재력에 제동을 거는 브레이크처럼 작동한다. 지금 당신의 발목을 잡는 브레이크는 무엇인가? 어린 시절 부모님이 했던 말인가? 아니면 직장에서 만난 상사들의 모습을 통해 그린 미래의 모습인가? 곰곰이 떠올려보라. 그것이 무엇이든 당신에게 똑같이 적용되는 '사실'이 아니다.

지금보다 10배 이상의 수익을 벌어들이고 싶은가? 당신에게는 충분히 그럴 능력이 있다. 같은 직종에서 비슷한 제품을 팔면서 당신보다 10배 더 많이 버는 사람들을 떠올려보라. 그들이 과연 당신보다 훨씬 똑똑할까? 전혀 그렇지 않다. 오히려 당신보다 덜 똑똑하고 학력이 좋지 않을 수도 있다(당신보다 부족한 사람들이 당신보다 더 많은 돈을 벌다니!). 그들은 단지 잘못된 믿음, 자기 제한적 믿음에서 당신보다 빠르게 벗어났을 뿐이다. 저명한 심리학자이자 교육자인 내 친구 짐 뉴먼Jim W. Newman은 『브레이크에서 발을 떼!Release your brakes』라는 책을 썼다. 당신을 한계에 가두는 잘못된 믿음에서 발을 뗄 때 인생을 쾌속질주하게 할 액셀을 밟을 수 있다.

때론 행동이 믿음을 결정한다

앞에서 언급한 톰의 예시처럼 부정적인 믿음에서 벗어나는 가장 빠른 방법 중 하나는 반대로 생각해보는 것이다. "나는 지금보다 많은 돈을 벌 수 없을 거야", "나는 절대로 빚에서 헤어 나오지 못할 거야"라는 생각이 들면 일단 멈추고 반대로 되뇌어보라. "나는 부지런하게 살아서 역량을 키우고 결국 지금보다 두 배의 수입을 얻을 거야", "나는 빚을 전부 갚고 더 많은 돈을 은

행에 저축할 거야"처럼 말이다. 이와 같은 긍정적인 생각이 당신을 자기 제한적 믿음에서 벗어나게 해줄 것이다.

생각을 전환한 뒤에는 행동에 착수하라. 성경 야고보서 2장 17절에는 "행함이 없는 믿음은 그 자체로 죽은 것"이라는 구절이 나온다. 가역성의 법칙에 대해 들어보았는가? 일반적으로 사람은 감정에 따라 행동하지만, 반대로 행동에 따라 감정이 변하기도 함을 심리학에서 일컫는 말이다. 근대 심리학의 창시자이자 하버드대 교수였던 윌리엄 제임스William James는 "어떤 자질을 원한다면 이미 그것을 지니고 있는 것처럼 행동하라"라고 했다. 행동이 감정을 만들어내기 때문이다. 즉, 행동은 역으로 자기 제한적 믿음에서 벗어나는 방법이 된다. 그렇기 때문에 나를 옥죄는 한계에서 도저히 벗어나기 힘들 때는 우선 행동을 해보라.

나의 젊은 시절 세일즈맨 경험을 예로 들자면, 나는 마음 한편에 내가 과연 잘할 수 있을지에 대한 두려움이 있었다. 그래서 오히려 아침 일찍 일어나 마치 최대한 많은 사람의 얼굴을 마주하려고 혈안이 된 것처럼 필사적으로 문을 두드리고 전화를 걸어 고객을 만났다. 고객들이 내 제품에 관심이 있는지 예측할 수 있는 질문을 던지고 성향을 파악해 딱 맞는 상품을 적극적으로 어필했다. "나는 할 수 없을지도 몰라"라고 주술처럼 나를 감쌌던 믿음을 행동으로 깨부순 셈이다. 그리고 나는 실제로 세일즈는 물론 인생에서도 성공을 거두었다.

그렇다면 부와 성공에 빠르게 도달하려면 어떻게 행동해야 할까? 원인과 결과의 법칙에 따라 행동하면 된다. 모든 결과에는 선행하는 원인이 있다. 원인을 따라 하면 똑같은 결과가 나오는 것이 당연하다. 만약 당신이 수입을 두 배로 늘리고 싶다면, 지금 당신보다 두 배를 버는 사람들이 당신과 무엇이 다른지 알아보라. 그리고 한 치의 의심 없이 그들과 똑같이 하는 것이다.

나는 10년 이상 가라테를 배웠고 검은띠를 따서 유단자가 되었다. 물론 가라테를 처음 시작할 때는 그저 시키는 대로 따라했다. 그러다 보니 똑같은 동작을 수백 번, 수천 번 하게 되었다. 모든 가라테 수업의 전반부는 기본 동작의 반복으로 이루어져 있다. 손으로 치기, 발로 차기, 전후좌우로 움직이기 등을 수없이 연습하는 것이다. 수업 후반부에는 겨루기 같은 복잡한 훈련을 한다. 이때도 응용의 단계일 뿐이지 몇 번이고 반복이 이루어진다. 경기에 나갔을 때 자동으로 기술이 나올 정도로 수련하는 것이다. 어떻게 움직일지 머릿속으로 생각할 필요조차 없게, 몸이 절로 움직이게 만드는 과정이다.

대부분의 운동선수들도 같은 방법으로 코치가 시키는 대로 끊임없이 훈련한다. 음악가 역시 전문가가 가르치는 대로 연습을 반복한다. 훈련하고 연습하는 과정에서 점점 실력이 향상되는 것이다.

당신의 목표가 지금보다 두 배의 성과를 내는 것이라고 가정해보자. 그렇다면 무엇을 선행해야 할까? 원인과 결과의 법칙에 따라 당신이 원하는 성과를 먼저 이룬 사람이 한 일을 그대로 따라 하면 된다. 특별한 비밀이나 수수께끼라고 할 것이 전혀 없다. 따라 하기는 무엇을 새로 시작하거나 창조하는 것보다 훨씬 쉬운 일이 아닌가?

그 과정에서는 믿음의 법칙을 떠올리고 행동해야 한다. 확신에 찬 믿음은 언제나 현실이 된다. 여기서는 얼마나 깊이 믿는지가 중요하다. 믿음의 강도가 현실을 만들어낸다. '자기 충족적 예언'이라는 말을 들어보았는가? 잠재력을 발휘하지 못하게 방해하는 자기 제한적 믿음과 반대되는 개념이다. 미국의 사회학자 로버트 머튼Robert Merton이 만든 용어로 우리가 미래에 대한 기대와 예측에 부합하기 위해 행동하고 그것을 현실화하는 경향성을 표현한 말이다. 주의할 점은 자기 충족적 예언은 긍정적이거나 부정적인 방향 모두로 작용할 수 있기에 반드시 자신과 미래에 대해 긍정적인 기대를 품어야 한다는 것이다.

기대는 주체와 대상에 따라 세 가지로 나눌 수 있다. 먼저 타인이 나에 대해 거는 기대가 있다. 여기에는 가까운 사람인 부모의 기대가 들어간다. 부모의 기대는 자녀가 행복하고 건강하며 자신감 넘치는 사람으로 자라게 한다. 어린 시절부터 기대를 한몸에 받은 아이는 훌륭한 어른으로 성장하는 동력을 갖춘 셈이다. 다만 이때 자율적인 환경이 뒷받침되어야 한다. 부모가 일방적으로 기대해 무엇을 강요하는 것이 아니라 아이의 의견을 구하고 존중해야 한다. 부모를 포함해 가족 모두가 자신을 지지해준다고 느낀 아이는 자신의 의견이 중요하고 가치 있다고 믿으며 자존감 높은 아이로 성장한다. 상사의 기대도 비슷하다. 부하 직원에게 큰 기대가 있는 상사는 권한 위임을 통해 자율권을 부여한다. 부하 직원이 잘해줄 것이라고 믿고 기대하는 만큼 좋은 결과를 낼 수 있는 환경을 마련하고 지원해준다.

한편 내가 타인에게 거는 기대도 있다. 이는 타인이 나에게 거는 기대가 실현되는 원리와 똑같다. 만약 당신이 배우자, 친구, 동료에게 일정 수준의 기대감을 가지고 있다면 그에 걸맞는 응원과 지원을 아끼지 않아야 한다.

마지막은 내가 나 자신을 향해 거는 기대다. 스스로에 대한 기대감에 따라 실제 거둘 수 있는 성공의 크기가 달라지기에 가장 중요한 기대감이라고 할 수 있다. 자기 충족적 예언에 꼭 필요한 요소이자 성공의 필수조건이다.

생각의 메커니즘 바로 알기

만약 뇌에 한 가지 운영체제를 심고 평생 그 프로그램에 따라 살아야 한다면 당신은 어떤 프로그램을 심겠는가? 어떤 변수값이 등장해도 성공이라는 결과값을 내는 프로그램이 아닐까? 그 프로그램을 뇌에 설치하면 무슨 일이 있어도 굴하지 않고 경험을 통해 배우고 점점 더 큰 이익을 얻으며 결국 성공하리라는 기대가 꺼지지 않을 것이다.

수십억 달러 가까이 되는 큰돈을 잃고도 완전히 무너지지 않고 얼마 지나지 않아 사업에 재기하는 사람들이 있다. 어떻게 그럴 수 있을까? 그들에게는 어떤 일이 있어도 성공할 것이라는 확고한 믿음이 있다. 얼핏 보면 허황되어 보이지만 그들의 믿음과 기대는 현실에서 강력한 힘을 발휘하곤 한다.

믿음과 기대는 당신의 행동뿐만 아니라 태도도 결정한다. 밥 프록터Bob Proctor의 스승인 얼 나이팅게일은 일찍이 '태도'는 마법의 단어라고 했다. 우리가 삶에 취하는 태도에 따라서 삶이 우리에게 취하는 태도가 결정되기 때문이다. 타인에 대한 당신의 태도는 긍정적이고 유쾌한가? 따뜻하고 다정한가? 활력이 넘치는가? 다른 사람에게 호감을 얻고, 좌절에서 배움을 얻고, 성공하고 싶다면 먼저 태도를 바꾸어야 한다. 태도는 당신이 중요하다고 믿는 것으로부터 만들어진다. 믿음은 동심원을 그리며 멀리 퍼져나가 기대가 되고, 기대는 태도가 되며, 태도는 행동으로 이어지며, 행동은 결과가 된다. 이 모든 것은 유기적으로 연결되어 돌고 도는 개념이다. 말하자면 가치관이 모든 것의 출발점이다. 당신은 어떤 사람인가? 당신이 믿는 것과 중요하게 여기는 것은 무엇인가? 그것이 당신의 믿음과 행동, 더 나아가 미래까지 결정할 것이다.

심리학자들은 오랜 연구를 통해 새로운 생각과 행동을 연습하면 믿음을 바꿀 수 있다는 결론에 이르렀다. 나는 이를 '마치 그런 것처럼 행동하기 법칙Act as if'이라고 부른다. 생각의 메커니즘을 바꾸기 위해서다. 이렇게 생각해보라. "나는 정말 긍정적인 믿음을 갖고 싶어. 내가 크게 성공할 운명이라고 믿고 싶어. 만약 정말 그렇다면 나는 어떻게 행동할까?"

이미 당신이 원하는 사람이 된 것처럼 행동해야 한다. 그 행동이 감정을 만들어낼 것이고, 감정은 다시 행동을 만들어낼 것이다. 또 행동은 뛰어난 결과로 이어질 것이다. 즉, 제한적인 믿음은 생각하고 행동하는 방식만으로 충분히 바꿀 수 있다.

"나도 나를 믿을 수 없어. 자신감이 부족해."

"나는 충분히 똑똑하지 않고 매력적인 사람도 아니지."

이와 같은 부정적인 믿음을 버려야 한다. 반대로 다음과 같이 생각해보라.

"나에게는 평생 쓸 수 있는 것보다 훨씬 큰 잠재력이 있어. 그러니까 잠재력을 잘 활용하기만 하면 돼.'"

"나에게는 세상 모든 사람과 마찬가지로 무한한 성공 가능성이 있어. 나는 매력적이고 인기 있는 사람이야. 나는 살면서 의미 있는 일을 하고 돈도 많이 벌 거라고 믿어."

그리고 정말 그렇게 믿는 사람처럼 행동하라. 자신 없고 부정적이던 기존의 자아는 어디론가 사라지고 새로운 믿음만이 남아 당신의 마음을 지배할 것이다.

인간은 컴퓨터보다 훨씬 복잡한 존재이건만, 어떤 자기계발 전문가들은 청중 앞에 서서 "여러분의 믿음을 완전히 버리고 몇 시간, 아니 몇 분 만에 뇌를 재프로그래밍하는 법을 가르쳐주겠습니다"라고 주장한다. 솔깃한 말이지만 한 사람의 강연을 듣고 마음과 믿음, 사고방식을 바꾸는 것은 임시방편에 불과하다. 평생 쌓아온 자기 제한적 믿음을 그 짧은 시간 안에 바꾸는 것은 불가능하다. 반드시 꾸준한 노력과 행동이 있어야 한다.

만약 행동을 바꾸어 생각을 바꾸는 것이 어렵다면 성공을 시각화해보기를 추천한다. 예를 들어 운동신경이 아예 없다고 믿는 사람이 우연히 스포츠 경기에서 1등을 했다고 가정해보자. 그가 갑자기 자기 자신을 뛰어난 운동선수로 여기지는 않을 것이다. 우연이었다고 생각하며, 컴포트존에 머무르려는 인간 본연의 습성을 지키려고 할 것이다. 이렇게 되면 다음 경기에서 다시 우승을 차지할 가능성은 아주 낮다. 이 사람이 다시 우승할 수 있는 방법은 무엇일까? 머릿속으로 우승할 때의 장면을 반복해 재생하는 것이다. 앞에서 풋볼 선수를 예로 들며 성공을 시각화하는 일의 중요성을 이야기했다. 실제로 우리는 중요한 일을 앞두고 있을 때 어떤 말을 하고 어떻게 행동할지 자연스럽게 이미지를 그린다. 장면이 선명할 때도 흐릿할 때도 있지만 어느 정도 눈앞에 그려진다는 것만은 분명하다. 또 하나 분명한 것은 우리는 보이는 대로 행동한다는 사실이다.

당신이 성공했던 경험을 떠올려보라. 우연히 거둔 성공도 괜찮다. 어린 시절 무언가를 잘해서 상을 타거나 그에 따른 보상을 받은 적이 있는가? 지금 떠올려도 저절로 환한 미소가 지어지는 좋은 기억 말이다. 그 경험을 떠올리며 지금 눈앞의 일에 대해 상상하라. 잠재의식 속에서 두 사건이 이어지며 다가올 일에 대한 기대감과 자신감이 생길 것이다.

이는 실제로 많은 운동선수와 음악가들이 쓰는 생각 전환의 메커니즘이다. 올림픽 같은 큰 대회를 앞둔 운동선수들은 차분하게 이미지 트레이닝을 한다. 공연자들도 마찬가지다. 그들은 무대에 오르기 전에 최고의 기량을 발휘하는 자기 자신을 반복적으로 상상하며 준비한다. 조용히 의자에 앉거나 침대에 누워 장내를 압도하는 자신의 모습을 시각화하는 것이다. 가령 피겨 스케이팅 선수라면 경기에 사용할 음악을 켜놓고 머릿속으로 빙상에 입장해 준비한 기술을 모두 완벽히 선보이고 무사히 퇴장하는 모습을 내재화한다. 경기가 다가올수록 더 자주, 매일 잠들기 전과 일어난 순간에 그 모습을 반복해서 상상한다. 머릿속에 완벽한 그림이 그려져 있기에 자신감이 생기고 실패할 확률은 줄어든다. 이것은 어느 개인의 어설픈 방법이 아니라 전 세계 최고의 운동선수들이 공통적으로 배우는 검증된 방법이다.

"당신이 먹는 것이 곧 당신이다You are what you eat"라는 격언이 있다. 무엇을 먹는지가 몸의 상태를 결정한다는 뜻이다. 이 말을 조금만 바꾸어보면 "당신이 생각하는 것이 곧 당신이다"라고 표현할 수 있다. 무엇을 생각하는지가 미래를 결정한다. 놀랍지 않은가? 얼 나이팅게일은 이를 두고 "세상에서 가장 이상한 비밀"이라고까지 표현했다.

자기 제한적 믿음에서 벗어나는 법

자, 당신도 이제 성공의 메커니즘을 알았으니 좋은 생각, 긍정적인 생각을 하려고 노력할 것이다. 그런데 매일 행복하고 희망적

인 생각만 할 수 있다면 좋겠지만 사람인지라 마음 한구석에 부정적인 감정이나 두려움과 걱정이 슬며시 자라기 마련이다. 긍정적인 기대의 반대쪽에는 실패에 대한 두려움이 자리 잡고 있다. 특히 당신이 세일즈맨처럼 누군가에게 무엇을 제안해야 하는 직업에 종사하고 있다면 두려움과 걱정을 물리치는 방법이 꼭 필요할 것이다.

많은 세일즈맨들이 처음 일을 시작할 때 고객의 거절이 두려워 전화를 걸거나 만나는 일에 주춤한다. 실제로 판촉 전화를 걸면 관심도 없고 바쁘다며 쏘아붙이고 끊어버리는 사람들이 꽤 많다. 거절을 당하면 하루 종일 곱씹게 된다. 전화를 들 때마다 "이번에도 고객이 무례하게 나오겠지? 어떻게 대처해야 할까?"라는 걱정이 들고 이 과정이 반복되면 전화에 대한 두려움이 커지다 못해 아예 수화기를 들지 못하는 지경에 이르기도 한다. 대다수의 세일즈맨이 일을 그만두는 이유는 엄밀히 따지면 성공하지 못해서가 아니라 거절을 능숙하게 받아넘기지 못하기 때문이다. 과연 거절을 막을 방법은 무엇일까? 거절은 당신이 거절당할 것이라고 예상하기 때문에 일어난다는 사실을 깨달으면 간단히 막을 수 있다.

내 강연을 듣고 세일즈에 성공해 영상 메시지를 보내왔던 휴대폰 판매원을 기억하는가? 그는 열 번, 스무 번, 오십 번 거절당하자 분명 다른 이에게도 거절당하리라 예상했었다. 단지 세일즈를 거절당했을 뿐인데 자기 자신이 거절당한 것 같은 기분에 자신의 능력을 의심하며 부정적인 감정에 천착해 있었다. 강연을 듣고 자아개념을 올바로 세우는 자존감이 중요하다는 메시지를 그는 이해했고, 매일 아침 "나는 내가 참 좋아"라는 말을 되뇌었다. 그리고 "다음 사람은 내 휴대폰에 반드시 관심을 보일 거야. 구매 조건도 좋을뿐더러 휴대폰은 누구에게나 꼭 필요한 물건이니까"라고 생각했다. 그의 문제는 제품도, 세일즈 프로세스도 아니었다. 거절당한 경험 때문에 스스로에 대해 의구심을 품게 된 것이 문제였다.

긍정적인 사람이 되려면 일단 아주 작더라도 긍정적인 생각을 해야 한다. 산을 오르고 싶으면 실제로 산을 오르면 되는 것처럼 단순한 이치다. 한번 산에 오르고 나면 당신은 평생 "나는 고도 800미터 산에 올랐어. 더 높은 산도 문제 없지"라고 말할 것이다. 할 수 있다는 믿음과 자신감이 생기는 것이다.

저명한 심리학자 마틴 셀리그만을 비롯해 여러 학자들이 정립해가고 있는 긍정심리학에서도 같은 이야기를 한다. 긍정심리학은 지난 20세기 동안 정신의학자들이 지그문트 프로이트 등의 영향으로 인간 내면의 부정적인 면에만 몰입한 경향에 대한 반성으로 마음의 밝은 면을 규명해 북돋으려는 심리학의 새로운 분야다. 긍정심리학자들은 행복을 느끼는 정도는 유전적으로 결정되기도 하지만 한두 가지 유전자가 좌우하는 것은 아니며 후천적으로 계발할 수 있다고 강조한다. 밝은 마음과 생각을 지니도록 훈련하는 것도 그중 하나다.

세상에서 당신이 손쉽게 조절할 수 있는 것은 딱 하나, 당신의 생각이다. 만약 당신이 원하는 것을 열심히 상상하고, 스스로 좋은 사람이라는 자부심을 갖고, 성공과 성취에 도전한다면 당신은 분명히 성과를 낼 것이다. 『생각하라 그리고 부자가 되어라』(반니, 2021)를 쓴 베스트셀러 작가 나폴레온 힐Napoleon Hill은 "마음으로 상상하고 믿을 수 있는 것이라면 무엇이든 성취할 수 있다는 사실을 기억하라"라고 말했다. 그의 말은 전 세계 수백만 명의 인생을 완전히 바꾸어놓았다. 긍정적인 믿음은 힘이 세다. 단, 당신이 끊임없이 노력한다는 전제하에 말이다.

말을 잘하고 싶은 사람이 있다고 가정해보자. 그는 회사에서 승진하고 중간관리자가 되어 부하 직원들과 대화를 나눌 일이 많아졌지만 스스로 언변이 부족하다고 생각해 겁먹고 있다. 그가 말을 잘하려면 어떻게 해야 할까? 조리 있게 말할 능력이 있다는 믿음만으로 능숙하게 대화를 이끌어갈 수 있을까? 얼토당토않은 말이다. 긍정적인 믿음은 반드시 행동을 수반해야 한다. 간혹 긍정적인 생각을 모든 기회를 여는 마스터키로 받아들이면서 몸은 전혀 움직이지 않는 사람들도 있다. 이는 핵심 메시지를 크게 오독한 것이다.

말을 잘하고 싶다면 가능한 한 많은 자리에서 연습해보아야 한다. 사실 대다수의 사람들은 제각각 뛰어난 말재주가 있어 편한 친구와 있을 때나 가족 앞에서는 유창하고 분명하게 말한다. 이때 주변인들의 반응도 매우 좋다. 당신과 눈을 맞추며 웃고 고개를 끄덕인다. 농담을 건네기도 하면서 편안하고 유쾌한 분위기가 만들어진다. 대상과 장소가 어디든 성공 경험이 있다면 회사에서도 얼마든지 사석에서 말하는 것처럼 능숙하고 자신감 있게 말할 수 있다. 이런 식으로 연습해보라. 주변 동료를 저녁 식탁에 둘러앉은 가족이라고 생각하며 말을 건네는 것이다. 또는 친구에게 최근에 개봉한 영화에 대해 이야기한다고 상상해보라.

"이 영화 개봉했던데, 혹시 보셨어요?"

"아니, 아직이요. 보셨나요?"

"네, 저는 어제 봤는데 정말 재밌더라고요. 영화가 어떻게 시작되냐면……"

어려울 것 없지 않은가? 다만 당신이 믿지 않거나 전혀 관심 없는 주제를 꺼내는 것은 추천하지 않는다. 말을 하면서 당신의 감정이 자연스럽게 사람들에게 전해질 것이기 때문이다.

앨버트 허버드Elbert Hubbard는 미국을 대표하는 뛰어난 작가다. 나는 그가 쓴 22권짜리 시리즈 전체를 소장하고 있는데 그 시리즈에는 뛰어난 연설가, 가수, 탐험가, 작곡가, 시인, 소설가, 군인 등 다양한 직군의 사람들에 대한 자세한 이야기가 담겨 있다. 이 시리즈뿐 아니라 많은 저서를 남긴 허버드는 워낙 다작하는 작가로, 자신의 책을 인쇄하기 위해 직접 인쇄기를 마련할 정도였다. 그 인쇄기는 지금까지도 집안의 가보로 전해지고 있다고 한다. 어느 날 사람들이 그에게 물었다.

"허버드 씨, 저도 당신처럼 훌륭한 작가가 되고 싶습니다. 비결이 무엇인가요?"

그가 답했다.

"특별한 비결이랄 게 있을까요. 그저 쓰고 또 쓰면 됩니다."

연습과 훈련 없이 생각만으로 원하는 것을 얻으려는 것은 도둑놈 심보에 가깝다. 글을 잘 쓰려면 자주 써보아야 하고, 사람들 앞에서 두려움 없이 말하려면 실제로 사람들 앞에서 말해보아야 한다. 전문 강연자들 사이에는 "300회의 무료 강연을 해야 비로소 돈을 받고 강연할 만한 실력을 갖추게 된다"라는 말도 있을 정도다. 유명한 동기부여 전문가이자 세계적인 연설가인 지그 지글러Zig Ziglar조차도 자사 직원을 대상으로 3,000회의 강연을 하고 나서야 유료 강연에 초빙받기 시작했다는 사실을 기억하라.

나 역시 5,000회 이상의 강연을 한 사람으로서 말하는 법에 대해 약간의 팁을 더 주고 넘어가고자 한다. 말하기 전에는 미리 계획을 세우고 준비해야 한다. 말하기에는 항상 시작, 중간, 끝이 있다. 상대방에게 흥미를 이끌어낼 주제로 이야기를 시작하고, 본론으로 넘어가 세 가지 요점을 전달한 뒤 정리하며 마무리하면 된다. 예를 들면 이런 식으로 끝맺는 것이다. "제가 이 경험에서 얻은 가장 큰 교훈은 사람이 중요하다는 것입니다. 이 사실을 여러분도 인생의 매 순간에 기억한다면 좋겠습니다. 행운을 빕니다." 아주 평범하고 간결하게 말이다.

앞으로 나아가는 발목을 잡는 부정적인 믿음이 모두의 내면에 하나씩은 있을 것이다. 우리의 뇌가 부정적인 감정이나 믿음에 빠지기 쉬운 반면 그것을 극복하는 일은 어려워하기 때문이다. 심리치료에서는 한 사람이 붙들고 있는 생각의 기저를 파악하려면 짧게는 6개월에서 길게는 6년 이상의 상담이 필요하다고 본다. "이게 저의 문제예요. 과거에 좋지 않은 일이 있었고 그로 인한 부정적인 마음이 계속 이어져 오늘날까지 저를 괴롭힙니다"라고 말하는 순간이 쉽게 찾아오지 않는다는 뜻이다.

심리치료에서 하는 것과 같은 방법을 자신에게 적용해보라. 상담사가 내담자에게 질문해서 불안한 생각의 기저를 찾는 것처럼 스스로에게 물어보라. "어떤 일이 나를 두렵게 만들었을까?", "안 될 거라는 믿음과 불안한 생각은 어떤 경험으로 인해 생겨난 걸까?"라는 질문을 붙잡고 찬찬히 생각해보면 된다. 배우자, 친구, 인생의 멘토와 이야기를 나누어보는 것도 좋은 방법이다.

당신을 망설이게 하는 부정적인 신념이나 경험을 제대로 알기 전까지는 앞으로 나아갈 수 없다. 자신에게 솔직해질수록 당신은 자유로워진다. 그리고 그 순간 당신을 가로막던 부정적인 믿음은 영영 사라질 것이다.

성공을 가속화하는 성장 마인드셋

인간은 생각하고 믿는 만큼 성취해낸다. 무언가를 할 수 없다는 자기 제한적이고 부정적인 믿음은 버리자. 해낼 수 있다는 생각이 행동으로 나아가는 마중물이 되어줄 것이다.

원하는 것을 얻어내는 법칙

* 원인과 결과의 법칙: 원인을 같게 하면 결과도 같게 나온다. 롤모델의 행동을 그대로 따라해보라.
* 믿음의 법칙: 무언가를 믿으면 현실이 된다. 단, 너무 허황된 믿음에는 해당하지 않는다. 구체적인 목표를 달성하리라 믿고 끊임없이 노력하라.

생각의 메커니즘을 바꾸는 방법

믿음, 기대, 태도, 행동, 결과는 유기적으로 연결되어 돌고 도는 개념이다. 자기 제한적 믿음을 바꾸기 어렵다면 행동을 바꾸어보라. 행동을 바꾸기 어렵다면 생각을 바꾸어보라. 해보지 않고 평가절하하지 말라. 연습과 훈련만이 자기 제한적 믿음에서 벗어나게 한다.

성공 마인드셋 설정하기

<u>01</u> 당신이 원하는 성공을 한 줄로 적어보라.

<u>02</u> 당신이 원하는 성공을 먼저 달성한 사람을 찾아보라.
그가 어떤 행동을 했는지 조사해서 세 가지로 요약해 써보라.

<u>03</u> 당신은 어떻게 그 성공을 이루어낼 것인지 계획을 세워보라.
단, 실제로 해낼 수 있다고 굳게 믿으며 작성해야 한다.

<u>04</u> 당신이 성공했을 때 기대되는 모습을 써보라.
미래의 당신은 현재와 얼마나 다를지 생생하게 상상해보라.

4장

목적지를 정해야
출발할 수 있다

"특별한 기회를 기다리지 말라.
평범한 기회를 붙잡아 특별하게 만들어라."
—오리슨 스웨트 마든(미국의 작가, 『석세스』지 창간자)

"오직 행동만이 행동이다.
말을 하거나 간절히 바라거나
희망을 품거나 의도하는 것은 행동이 아니다."
—루트비히 폰 미제스(경제학자, 『인간행동론』 저자)

우리가 혼란과 불확실함 속에서 인생을 시작한다고 가정해보자. 온갖 질문이 떠오를 것이다. 나는 누구인가? 무엇을 해야 하는가? 어디로 가야 할까? 내가 살면서 정말 하고 싶은 일은 무엇일까? 정해진 목적지도 없이, 지도나 표지판도 없이 낯선 나라를 여행하는 것 같은 기분이 들 것이다. 어딘가에 도착하기까지 얼마나 오랜 시간이 걸릴지 불안해하며 기약 없이 나아갈 수밖에 없다.

사실 전 세계 80퍼센트의 사람들이 비슷한 마음으로 살아간다. 매일 아침 집을 나서 일을 하다가 밤이 되면 녹초가 되어 집으로 돌아온다. 반복되는 일상 끝에 결국 별 볼 일 없이 살면서 건강하게 늙어가는 것만 해도 행복한 일이라고 결론을 내린다. 인간을 괴롭히는 가장 끔찍한 문제인 학습된 무기력Learned helplessness이 발생하는 것이다.

학습된 무기력은 성공을 가로막는 가장 큰 원인이다. 사람들은 과거에 성공하지 못했던 경험을 두고두고 곱씹으며 셰익스

피어의 희곡 〈템페스트〉의 구절처럼 "지나간 것이 이야기의 서막What's past is prologue"이라고 여기는 듯하다. 과거에 경험한 실패가 앞으로도 지속될 것이라고 여기며 새로운 일에 도전하기도 전에 미래에 대한 열정을 잃는 것이다.

나는 강연 때 종종 청중에게 묻는다.

"여기 목표가 있는 분 계십니까?"

그럼 모두가 손을 높이 든다.

"정말 놀랍군요. 연구에 따르면 목표를 지닌 사람은 전체 인구의 3퍼센트밖에 안 된다는데 여기 계신 분들은 다 손을 드셨으니 말입니다. 그래서, 여러분의 목표는 무엇인가요?"

이렇게 물으면 여기저기에서 다양한 대답이 나온다.

"저는 행복해지고 싶어요!", "큰 부자가 되고 싶습니다", "올해는 먼 곳으로 혼자 여행을 떠나고 싶어요"처럼 말이다.

그런데 이들이 말하는 목표를 가만히 들여다보면 목표라고 부를 수 없는 경우가 대다수다. 그들에게는 오직 소원이 있을 뿐이다. 소원에는 목표와 달리 에너지가 없다. 비유하자면 화약이 들어 있지 않은 총알과 같다. 계속해서 소원만 비는 것은 총을 들고 과녁을 향해 공포탄만 쏘는 것과 다를 바 없다는 뜻이다. 소원을 품는 것이 위험한 이유는 이미 목표가 있다고 생각하면서 목표를 세울 필요를 느끼지 못하게 만들기 때문이다. 심지어 어떤 사람들은 목표 따위는 필요 없다고 말하기도 한다. 마음의 소리에 귀를 기울이고 본능에 따라 하고 싶은 대로 하면 저절로 성공을 얻을 수 있다고 낙관한다. 내 생각은 다르다. 그렇게 말하는 사람들은 둘 중 하나일 것이다. 철저히 실패한 사람이거나 몇십 년 이상 저돌적으로 목표를 세우고 노력해 이미 성공의 궤도에 올라 더 이상의 성공이 필요 없는 사람이거나.

백만장자 중에서도 "목표는 필요 없다. 긍정적으로 생각하면 돈은 절로 굴러들어온다"라고 말하는 사람이 있다. 평범한 사람들이 이 말을 곧이곧대로 믿는 것은 매우 위험하다. 그들도 경력 초기에는 목표를 세우고 불도저처럼 열심히 일했다. 피땀 흘리며 고군분투해 마침내 성공이 자동적으로 만들어지는 궤도에 올랐기에 그렇게 말하는 것이다. 또한 그들은 간혹 힘든 시절을 지워 현재의 특출함을 돋보이게 하려는 듯하다.

당신이 성공하고 싶다면 그저 간절히 바라기만 하는 소원이 아닌 구체적인 목표를 세워야 한다. 목표는 방향감과 명확성을 준다. 정확하고 구체적인 목표는 에너지를 집중시켜 보통 5~10년 걸려 달성할 일을 단 1년 만에 성취하게 해줄 것이다. 지금 당장 점검해보라. 당신이 원하는 것은 허공에 둥둥 떠 있는 소원인가, 현실에 발을 디딘 목표인가?

목표를 세우고 실행하는 7단계 프로세스

여기서는 목표를 세우는 방법부터 살펴보고자 한다. 단순히 무언가를 간절히 바라는 것을 두고 목표라고 하긴 어렵다. 나는 지난 몇십 년의 연구 끝에 적확한 목표를 설정하고 달성할 수 있는 7단계 절차를 찾았다.

원하는 것을 구체적으로 떠올려라

먼저 책상 위에 백지 한 장을 놓고 앉아 당신이 무엇을 원하는지 생각하라. 현재의 상황과 관계없이, 아무런 제약을 두지 않았을 때 인생에서 정말로 되고 싶거나 달성하고 싶은 것이 무엇인지 생각해보는 것이다. 적는 것이 무엇이든 실제로 이루어질 수 있다고 믿으며 떠올려라. 당신이 신경 써야 할 것은 단 하나, 목표를 달성한 모습을 아주 생생하게 떠올리는 것이다.

구체적일수록 좋다. 당신의 목표는 여섯 살짜리 어린아이도 알아듣고 현재의 당신이 목표와 얼마나 가까이 있는지 말할 수 있을 정도로 명확하고 구체적이어야 한다. 따라서 "행복하고 싶다", "부자가 되고 싶다", "여행을 떠나고 싶다"와 같은 것은 안 된다. 이것들은 정확한 목표가 아니라 모호한 소원에 가깝다. 과연 그 목표에 접근하고 있는지 알기 어려울뿐더러 듣는 사람에 따라 다른 수준의 목표를 떠올리게 만들기 때문이다.

목표를 적어라

구체적인 목표를 떠올린 후에는 반드시 기록으로 남겨야 한다. 글로 적지 않은 목표는 환상일 뿐이다. 목표를 적으면 머릿속에 그림이 그려지면서 자동적으로 이미지 트레이닝이 된다. 속으로 자신에게 말하는 것이기에 청각적 학습도 되고, 무언가를 적는다는 것은 몸을 움직이는 행위이기에 운동감각도 자극된다. 시각적, 청각적, 운동감각적 자극이 두루 발생하는 것이다.

다수의 연구를 통해 수업 시간에 필기하며 듣는 학생들이 그렇지 않은 학생들보다 훨씬 더 좋은 성적을 거두었다는 사실이 증명되었다. 필기하는 행위가 뇌를 쉬지 않고 일하게 해 집중력과 기억력을 강화시켰기 때문이다. 목표를 글로 쓰는 것도 같은 효과를 발휘한다. 감각을 자극해 잠재의식에까지 영향을 미친다. 잠재의식은 당신이 아침에 눈을 뜨기도 전부터 작동하고, 하루 24시간 내내 당신의 모든 행동을 좌우한다. 목표를 적는 것은 내가 살면서 배운 가장 놀라운 기술 중 하나라고 해도 과언이 아니다.

기한을 정하라

다음으로 할 일은 목표 달성의 기한을 정하는 것이다. 구체적인 날짜를 정해 그날까지 목표를 이룰 것이라고 잠재의식에 말하라. 만약 장기적인 목표라면 기한을 작게 쪼개라. 5년 목표라면 1년 목표 다섯 개로 나누고, 1년 목표라면 3개월 목표와 1개월 목표로 나누어라. 1개월 목표는 1주일 목표로 나누면 된다. 세일즈나 마케팅 분야에서 일하는 사람이라면 목표를 하루 단위로 나누기도 할 것이다. 때로는 1시간 목표로 나누기도 한다. 만약 '5년 후의 경제적 자유'가 목표라면 아주 작게 목표를 쪼개 매일 매시간 완수할 일을 정하는 식으로 작성하라. 목표의 기한을 정해두면 눈앞에 분명히 놓여 있는 할 일을 하도록 자신을 채찍질하기 쉬워진다.

나는 영국의 역사가이자 비평가인 토머스 칼라일Thomas Carlyle의 "우리의 중요한 임무는 멀리 있는 희미한 것을 보는 게 아니라 가까이 있는 분명한 것을 실천하는 일이다"라는 말을 좋아한다. 성공한 사람들은 눈앞의 분명한 일을 행동으로 옮기는 데 주저함이 없다. 중요한 일에 먼저 착수해 기한에 맞추어 끝낸다. 반면 성공하지 못하는 사람들은 핑계를 대며 일을 미룬다. 중요한 것을 알면서도 귀찮고 부담스러워서 미루고, 때로는 중요하다는 사실조차 인지하지 못하고 미룰 수 있을 때까지 덮어놓고 미루기도 한다. 중요하지 않은 이메일을 확인하거나 별 의미 없는 메시지를 보내고, 커피를 마시며 수다를 떨기도 한다. 물론 그들의 마음은 선의로 가득하다. 하지만 "지옥으로 가는 길은 선의로 포장되어 있다"라는 격언도 있지 않은가. 오스트리아계 경제학자 루트비히 폰 미제스Ludwig von Mises가 말했듯이 "오직 행동만이 행동이다. 말을 하거나, 간절히 바라거나, 희망을 품거나, 의도하는 것은 행동이 아니다."

해야 하는 일의 목록을 작성하라

목표를 달성하기 위해 해야 하는 일의 목록을 만드는 것도 중요하다. 이때 목록은 한번 작성하고 끝내는 것이 아니라 계속 추가하면서 완성해야 한다. 내가 해야 하는 일과 할 수 있는 일이 무엇인지 생각해보라.

예를 들어 당신의 목표가 연봉을 지금의 두 배로 올리는 것이라고 해보자. "나는 12개월 안에 연봉을 두 배로 받을 것이다"라고만 쓴다면 엄청난 일처럼 느껴진다. 하지만 "실력을 인정받고 연봉 협상에서 성공하려면 지금부터 무엇을 해야 할까?"라고 묻고 작성한다면 다르다. 역량을 키울 수 있는 관련 수업 찾아 듣기, 영어 실력 향상시키기 등 당신이 해야 하고, 할 수 있는 일을 거침없이 적게 될 것이다. 어느 쪽이 더 실현가능성이 높을까?

만약 목록을 작성하는 것에 어려움을 겪는다면 당신보다 앞서 성공한 사람들은 어떻게 일했는지에 관한 책을 찾아보는 것도 훌륭한 방법이다. 예전에 내가 호주 시드니에서 진행했던 원데이 강연에서 있었던 일이다. 강연 중간 질의응답 시간에 어느 젊은 기업가가 이렇게 말했다.

"어떻게 제 목표를 달성할 수 있을지 모르겠습니다."

"당신의 목표가 무엇인가요?" 내가 물었다.

"저는 지금 운영하는 회사를 매각하고 싶습니다. 성인이 되자마자 시작해서 벌써 7년째 해온 일이에요. 꽤 성공했고 돈도 많이 벌었지만, 저는 예전부터 항상 여행을 다니며 넓은 세상을 보고 싶었습니다. 이제 고작 20대 중반인데 남은 인생을 계속 일만 하며 보내고 싶지는 않아요. 아직 결혼도 못했고요. 회사를 좋은 조건으로 매각하고 여행을 다니며 살고 싶습니다."

"그렇군요. 그럼 회사를 매각하기 위해 지금까지 어떤 노력을 했습니까?"

"사람들에게 이야기하고 제 사업체에 관심 있는 사람이 있다면 소개시켜달라는 부탁도 여러 번 했습니다. 더 이상 어떻게 해야 할지 모르겠네요."

"그럼 서점에 가서 사업을 매각하는 법에 관한 책들을 찾아서 읽어보면 어때요? 그 주제로 글을 쓴 기업가들도 꽤 많은 것으로 압니다."

"사업을 매각하는 법을 다루는 책이 있다고요?"

"당연하지요. 성공한 기업가들은 매년 수많은 사업체를 팝니다. 다른 사람들이 그걸 사서 운영하지요."

점심시간이 되자 그 청년은 서점에 가서 관련 도서를 2~3권 구매했다. 책을 훑어본 그는 나에게 말했다.

"이런 책이 있는지는 몰랐네요. 재무제표를 어떻게 정리해야 하는지, 우리 회사를 어떻게 포지셔닝해 광고를 해야 하는지, 이익 집단과 다른 업종은 어떻게 찾는지까지…… 이런 걸 하나하나 가르쳐주는 책이 있으리라고는 상상도 못했습니다. 정말 고맙습니다."

두 달 후 그에게서 온 편지에는 "좋은 가격에 회사를 팔았습니다. 필요한 돈이 모두 마련되었어요. 유럽으로 향하는 비행기 표도 샀습니다. 이제부터 세상을 여행할 생각입니다. 모두 선생님 덕분입니다, 감사합니다"라고 쓰여 있었다.

체크리스트를 활용하라

체크리스트를 활용하면 목록이 계획으로 바뀐다. 투두리스트라고 부르기도 하는 체크리스트는 현대인의 성공을 도와주는 기적적인 도구다. 체크리스트를 활용하는 사람과 그렇지 않은 사람은 성과에서 5~10배 이상 차이가 난다. 체크리스트는 일의 우선순위를 결정해주고, 진행 과정을 눈으로 보게 해 자신감을 가져다주는 효과도 있다. 매일의 작은 실천을 몸에 배게 해 좋은 습관을 만드는 데도 유용하다.

한 걸음만 내디뎌라

이제는 행동하는 일만 남았다. 마치 스키를 탈 때 몸을 앞으로 밀어 출발하는 것처럼 시작하라. 몸이 움직이면서 미끄러져 내려가고 자연스럽게 속도는 점점 더 빨라질 것이다. 어느 순간에는 시원한 바람에 기분까지 좋아질 것이다. 모든 성공은 첫걸음을 내딛는 것에서 시작된다. 중국의 사상가 공자가 말했듯이 "천 리 길도 한 걸음부터" 내디뎌야 한다. 물론 첫발을 딛는 것이 가장 어렵다는 것은 나도 잘 알고 있다. 한 걸음의 중요성을 강조하고자 나는 가끔 강연에서 청중에게 묻는다.

"집에 사놓고 아직 못 읽은 책 많이 있으시지요?"

한 명도 빠짐없이 그렇다고 한다.

"자, 오늘 제가 조언을 하나 드리겠습니다. 집에 도착하면 그 책을 집어서 1장을 읽으세요. 이해가 안 돼도 괜찮습니다. 단, 1장까지는 꼭 읽어보아야 합니다."

실제로 시중에 나와 있는 경제경영서 중 90퍼센트는 끝까지 읽히지 않는다고 한다. 사람들이 처음 몇 페이지를 읽고 책이 딱히 유익하지도 훌륭하지도 않다고 생각하기 때문이다. 내가 1장까지는 꼭 읽을 것을 권하는 이유는 한 걸음의 힘을 체감하길 바라기 때문이다. 이를테면 읽으면서 그 책이 아니더라도 당신에게 필요한 다른 책이 보일지도 모른다. 무엇이 잘 쓴 책인지 혹은 내 취향에 맞는 책이 어떤 것인지 발견할 수도 있다. 무엇이든 첫걸음을 떼는 것은 인생을 획기적으로 바꾸는 시작이 된다. 모든 성공은 아주 작은 한 걸음에서 시작된다는 사실을 잊지 말라.

계속하라

마지막은 목표를 향해 나아가는 행동을 계속하는 것이다. 한 걸음이 열 걸음, 백 걸음이 되도록 매일 하라. 매일 하는 행동의 크기는 상관없다. 운동을 하거나, 책을 읽거나, 무언가를 계속한다는 것이 더 중요하다. 그렇게 루틴에 올라타면 더 큰 계획도 쉽게 달성할 수 있다. 모멘텀의 법칙을 기억하는가? 목표를 향해 계속 움직이면 그 움직임을 지속하는 것도 훨씬 쉬워진다.

포기하지 않고 끝까지 해서 위대한 업적을 달성한 사람 중에 미국의 베스트셀러 작가 오리슨 스웨트 마든Orison Swett Marden이 있다. 그는 불우한 어린 시절을 보냈다. 조실부모하고 친척집에 맡겨져 허드렛일을 했지만 학업을 포기하지 않았다. 1871년에는 보스턴 대학교를 졸업했고 1881년에는 하버드대학교에서 의학박사 학위까지 받았다. 이후 경영인이 된 마든은 여러 호텔과 리조트를 인수했다.

그런데 어느 날 소유한 호텔이 화재로 전소하자 늘 책을 쓰고 싶었던 그는 이것을 오히려 기회로 삼아 전문 작가가 되기로 결심했다. 당시 미국은 경제 호황기로 많은 사람들이 성공에 목말라 있었기에 마든은 성공에 관한 책을 쓰기로 마음먹었다. 그리고 허름한 단칸방에서 몇 달에 걸쳐 원고를 마무리한 그는 기쁜 마음으로 자축의 저녁식사를 하기 위해 밖으로 나갔다. 식사를 하고 있을 때였다. 어디선가 사람들의 비명소리와 화재경보음이 들려왔다. 식당 밖으로 나가 보니 그가 머물던 방에 불이 나 있었다! 그가 갓 완성한 원고도 불타 없어진 것은 물론이다.

두 번이나 화재로 모든 것을 잃었으니 이쯤 되면 자포자기할 만도 한데 그는 다른 도시로 이사해 생계를 이어나갈 직업을 구하고 기억을 더듬어가며 다시 원고 작업에 돌입했다. 그렇게 시간이 흐르고 마침내 원고를 완성했을 때 미국 경제는 호황기가 끝나고 침체기에 빠져 있었다. 성공을 이야기하는 그의 책에 관심을 기울이는 사람은 아무도 없었음은 물론이다. 빈털터리 신세로 책을 출간하지 못하고 시간을 보내던 어느 날, 마든은 카페에서 마주친 낯선 이와 대화를 나누다가 이런 말을 듣게 된다.

"누군가가 성공 원칙에 대한 책을 써주었으면 좋겠습니다. 이 나라가 어려움을 극복하고 다시 일어설 수 있도록 말입니다."

"내가 그런 원고를 완성했지만 계약하겠다고 나서는 출판사가 하나도 없더군요." 마든이 대답했다.

그러자 상대방이 말했다.

"나에게 출판업을 하는 친구들이 몇 명 있습니다. 어디 원고를 한번 봅시다!"

원고를 보내자 출판사에서는 감탄하며 계약 의사를 즉시 알려왔다. 그 후 마든의 원고는 『선두를 향하여*Pushing to the Front*』라는 제목으로 출간되었고 300만 부 이상 팔린 베스트셀러가 되었다. 초판 800페이지가 넘는 그 책은 오늘날까지 성공에 관한 아주 위대한 책으로 평가받는다. 이 책이 미국을 20세기 황금기로 이끌었다는 평가도 있을 정도다.

이후 마든은 『석세스*Success*』라는 잡지를 창간했고 성공에 관한 책을 여럿 냈다. 마든이 우리에게 건네는 조언은 정말 간단하다. "일단 시작하고 계속하라!" 목표를 향해 행동을 시작하고 그것을 끈질기게 지속하는 것이야말로 가장 위대한 성공의 법칙이다.

나를 주어로, 현재 시제로, 긍정문으로

원하는 것을 떠올릴 때는 구체적일수록 좋다고 말했다. 이때 3P 기법을 활용하면 실현가능한 구체적인 목표 설정이 가능하다. 3P 기법이란 개인적인personal 목표를, 긍정적인positive 어조로, 현재 시제present tense로 작성하는 것을 뜻한다.

첫 번째, 반드시 '나'라는 단어로 목표를 표현해야 한다. "나는 1억 달러를 번다", "나는 ○○을 판매한다", "나는 비버리힐즈에 산다"와 같이 떠올려야 한다. '나'를 주어로 놓고 동사를 붙여라. 나 자신에 대한 이야기임을 인식하면 잠재의식이 깨어나 움직인다.

두 번째, 목표는 긍정적으로 표현해야 한다. "담배를 끊는다", "나쁜 습관을 버린다", "10킬로그램을 감량한다"와 같이 목표를 세우지 말라. "나는 비흡연자다", "나는 좋은 습관을 가지고 있다", "내 몸무게는 60킬로그램이다"라는 식으로 표현해야 한다.

세 번째, 현재 시제로 써야 한다. 당신의 잠재의식은 시간의 압박을 느껴야 움직이므로 현재 시제로 명령을 내려야 한다. 어느 정도의 압박감은 원동력이 되어준다. "나는 1억 달러를 벌 것이다" 보다는 "나는 올 한 해 1억 달러를 번다"라고 쓰는 것이 좋다. "나는 60킬로그램이 될 것이다" 보다는 "나는 2025년 12월에 60킬로그램이다"라고 쓰는 것이 낫다. 이렇게 목표를 설정하면 잠재의식은 시간의 압박을 느끼며 24시간 끊임없이 움직일 것이다. 당신이 목표를 향해 나아가도록 이끄는 동시에 목표가 당신에게 다가오도록 끌어당길 것이다.

지금까지 전 세계 수백만 명의 청중에게 3P 기법을 가르쳤다. 한 청중은 이렇게 말했다.

"선생님은 제 인생을 완전히 바꿨습니다. 덕분에 부자가 되었어요. 강연을 듣기 전에는 직장도 잃고 큰 빚을 진 빈털터리로 이도 저도 못하고 시간만 낭비했었는데, 선생님의 조언을 따르니 제 인생이 달라졌습니다."

"잘된 일이네요. 제 강연 중에 어떤 부분이 가장 도움이 되었나요?" 내가 물었다.

"3P 목표 설정 기법 덕분이었지요."

사람들은 항상 이 기법을 성공의 비결로 꼽는다. 그는 나의 제안대로 3P 기법을 활용해 10개의 목표를 작성했다고 했다.

"글로 적는 동안 목표에 형체가 생기는 것 같더군요. 갑자기 일자리를 제안하는 전화가 울리고 사람들이 저를 찾았어요. 기적 같았습니다."

그의 목표는 믿을 수 없을 정도로 빠르게 달성되었다. 1년 안에 재기하고자 하는 목표를 세웠지만, 종이에 쓰자 거의 즉시 이루어지기 시작했다.

혹자는 이렇게 생각할 수도 있다. "목표를 쓰는 게 정말 도움이 되나? 즉시 효과가 나타난다는 건 너무 허황된 소리 아니야?" 이는 성공의 문턱에도 가보지 못하게 만드는 잘못된 생각이다. 차라리 "이 방법의 효과가 너무 크면 어떡하지?"라고 자문하는 게 낫지 않을까? 나에게 유용한 메시지와 방법이라면 받아들이고 실행해보는 편이 좋다. 큰 품이 들어가는 일도 아니지 않은가? 종이 한 장, 펜 한 자루, 단 5분의 시간만 있으면 되는 일이다.

위기에 무너지는 사람 VS 위기를 견디는 사람

한편 젊은 나이에 대단한 업적을 이룬 사람들 중에는 더 이상 동기부여가 되지 않아 인생을 힘겹게 이어가거나 밑바닥으로 떨어지는 사람도 있다. 어린 나이에 아역으로 데뷔해 10대에 큰

명성을 얻었지만 40대에 번 돈을 모두 탕진하고 마약 중독자가 되는 배우들이 일례다. 세계 최정상에 올라 명예와 영광을 누리다가 은퇴한 운동선수 중에도 파산하거나 50대 때에 자살로 갑작스럽게 생을 마감하는 경우가 있다.

대부분의 배우들에게는 작품에 캐스팅되어 촬영에 들어가는 것 자체가 하늘의 별 따기다. 자신과 결이 맞는 작품이 적시에 들어와야 하며 인맥도 중요하다. 수백 개의 단역을 거친 후에야 비로소 큰 배역도 맡을 수 있다. 그렇다고 해서 모두 얼굴을 알릴 수 있는 것도 아니다. 성공적으로 데뷔했지만 5년 이상 작품이 들어오지 않아 수입이 없는 배우도 수두룩하다. 수입이 없어도 생활비 등 고정비용은 계속 나간다.

영화배우 제임스 칸James Caan은 영화 《대부》(1972)로 아카데미상 후보에 오르며 유명해졌다. 이후 작품을 고르는 기준이 까다로워졌고 할리우드 최고의 주연 자리를 여러 번 거절했다. 아카데미 10개 부문에서 수상 후보에 오른 시대의 명작 《투씨》(1982)의 주인공으로 가장 먼저 물망에 올랐지만 거절하기도 했다. 작품을 거절하다 보니 들어오는 작품의 수도 현저히 줄었고, 돈이 바닥나서 키우던 두 마리의 개를 데리고 원룸으로 이사해야 할 정도였다. 작품활동을 하지 못하니 파티에도 초대받지 못했고, 돈이 없으니 여행도 할 수 없었다. 결국 그는 다시 배역을 따기 위해 매일 오디션을 보러 다니는 신세로 전락했다.

연예계뿐만 아니라 스포츠의 세계도 마찬가지다. 아무리 큰 성공을 거둔 선수라도 나이가 들면 실력이 떨어진다. 젊음을 바쳐 선수 생활을 마무리하고 나면 해당 스포츠 이외에 다른 기술은 전혀 개발하지 못해 할 수 있는 일이 거의 없다. 그래서 어떤 선수들은 은퇴 후를 대비해 미리 계획을 세우기도 한다. 돈을 모으고 신중하게 투자한다. 선수를 그만두고 일반인이 되었을 때 필요한 대비책을 세우는 것이다. 열심히 준비하면 새로운 기회를 얻을 수 있다. 동기부여 전문가나 코치가 될 수도 있고, 스포츠 에이전시에서 고문 자리를 제안받기도 한다.

반면 연예계나 스포츠계와 달리 기업가들이 인생의 방향을 잃고 마약 중독이나 알코올 중독, 무기력증에 빠졌다는 이야기는 거의 들려오지 않는다. 왜 그럴까? 그들은 항상 너무 바쁘기 때문이다. 작품에 들어갈 때가 아니고는 공백기를 가지는 배우와 달리, 기업가들은 항상 활동적이고 눈앞에 목표가 있다. 그들은 앞으로 나아가고, 무언가를 성취하고, 언제나 새로운 제품과 사업에 도전한다. 그들의 마음가짐은 이렇다. "나에게는 성공 경험이 있어. 나의 노력이 뒷받침되어 이루어낸 거지. 나는 수많은 사람들과의 경쟁에서 성공했고 계속 경쟁하며 발전하고 싶어."

또한 기업가들은 긍정적이고 낙관적이며 목표와 에너지가 있는 사람에게 둘러싸여 있다. 나는 수많은 백만장자를 만나보았는데 그들은 오로지 다음 사업, 다음 기회, 다음 제품, 다음 서비스 생각뿐이다. 무너지고 절망해서 무언가에 의존하는 일은 거의 없다.

15년 전쯤 내가 쓴 『재창조*Reinvention*』라는 책에는 커리어가 끝나거나 몸담은 업계가 망하는 등 인생에 큰 변화와 혼란이 찾아왔을 때 어떻게 대처해야 하는지를 담았다. 절체절명의 순간, 자신을 재창조하는 방법에 관한 것이다. 그 책의 핵심 메시지는 지금 내가 말하고자 하는 바와 크게 다르지 않다. 더 이상 동기부여가 되지 않는 순간에는 목표를 다시 설정해야 한다는 것이다. 삶이 어려울 때도, 완벽할 때도 목표를 계속해서 재설정해야 한다. 내일 당신은 오늘과 다른 무엇을 실천할 것인가? 5년 후, 10년 후에는 어떻게 살고 싶은가?

일반적으로 사람들은 분당 1,500단어 만큼 자기 대화를 한다고 한다. 내면의 대화는 세찬 물살처럼 빠르게 흘러가기에 조심하지 않으면 부정적인 생각에 잠식되어 화가 나거나 걱정되는 일, 짜증 나는 사람에 대한 불평만 하게 된다. 기본적으로 우리 뇌는 자기방어를 위해 걱정과 고통에 집중하도록 설계되어 있기 때문이다. 의도적으로 내가 되고 싶은 모습, 성취하고 싶은 일에 대해 말하면서 내면의 흐름을 긍정적인 방향으로 계속해서 이끌어라.

잠시 실패해서 길을 잃어도 목표가 있다면 그것은 당신이 계속 앞으로 나아가는 힘이 된다. 내일에 대한 기대가 없으면 사람은 희망을 잃지만, 노력을 통해 더 나은 미래를 만들 수 있다는 기대가 있다면 사람은 무너지지 않는다. 목표가 가장 강력한 동기를 부여한다. 목표가 있다면 희망과 더불어 자존감도 지킬 수 있다. 지금의 상황이 최악일지라도 "나는 성공한 사람이다"라는 자기 확언을 반복하게 되고, 잠재의식이 발휘되어 점차 상황을 헤쳐 나갈 수 있다.

성공하는 사람들의 7가지 습관

목표를 설정하고 실행하는 7단계 프로세스 못지 않게 성공하는 사람들의 공통된 습관을 배워두면 원하는 것에 더 가까워지는 계기가 될 것이다. 그들은 언제 어디서나 배우기를 소홀히 하지 않고 사람들에게 친절했다. 생각보다 간단하지만 효과는 분명한 방법이니 따라 해보라.

책을 가까이 하라

SNS, 쇼츠 콘텐츠만 소비해서는 나만의 통찰을 얻기 힘들다. 성공하는 사람들은 독서가 몸에 배어 있다. 누군가가 오래 연구하고 사색한 주제가 담겨 있는 것이 한 권의 책이다. 책 한 권을 읽는 시간은 해당 분야의 선구자가 투자한 1만 시간을 대체한다. 매일 아침 1시간 일찍 일어나서 당신에게 필요한 책을 읽어라. 업무 스킬을 향상시켜줄 책이나 긍정적인 영감을 줄 양질의 책을 찾아 읽기를 권한다. 내가 아는 모든 성공한 사람들은 어떻게든 시간을 만들어서 신문과 책을 읽는다.

잠재의식 노트를 써라

잠재의식을 일하게 하려면 기록이 가장 좋은 방법이다. 인생의 목표를 하루도 빠짐없이 노트에 기록하라. 기록의 중요성은 이미 여러 차례 강조했다. 어제 세웠던 목표를 보지 말고 오늘의 목표를 다시 쓰면서 당신의 잠재의식을 새롭게 프로그래밍해보라. 목표를 성실하게 적을수록 행동이 따라가게 되고 그 목표에 더 빠르게 가까워질 것이다.

하루의 계획을 세워라

매일 아침 눈을 떠서 그날 하루의 계획을 세우는 일은 성공하는 사람들의 가장 기본적인 습관이다. 평범한 사람들은 계획이라는 틀 안에 자신을 가두길 싫어하고 그저 하루하루 성실하게 살면 최선을 다한 것이라 생각한다. 그러나 방향성이 없는 성실함은 게으름으로 대체되기가 무척이나 쉽다.

어렴풋이 오늘 해야 할 일을 떠올리지 말고, 구체적으로 언제 무엇을 할지 정하라. 오전에는 머리가 맑으니 창의성이 필요한 일을 하고 오후에 업무 미팅을 하는 식으로 말이다. 할 일을 미리 작성하고 계획을 세워두면 생산성이 25퍼센트 향상한다는 연구 결과도 있다.

중요한 것에 집중하라

계획을 세울 때 가장 핵심적으로 고려해야 할 원칙은 일의 중요도다. 가장 중요한 일을 먼저 시작하고 마쳐라. 이를 반복하면 효율성이 적게는 50퍼센트에서 많게는 100퍼센트까지 올라갈 것이다. 중요한 일에 집중하는 것은 역사상 위대한 인물들도 활용한 방법이다. 나폴레옹부터 워런 버핏까지 수많은 인물들이 가장 중요한 것을 선택하고 집중했다.

중요한 일을 끝낸 후에는 질문하라

중요한 일을 마친 후에는 반드시 질문해야 한다. 무엇을 제대로 했는지, 무엇을 잘못했는지, 다음에는 어떻게 다르게 할지 돌아보며 기록하라. 경험을 되짚어 종이에 적으면 질문하지 않는 사람에 비해 배우는 속도가 5~10배가량 증가한다. 또한 그 내용이 잠재의식으로 스며들어 당신이라는 사람의 운영체제에 영구적으로 남는다. 이때 반성이라는 개념에 갇혀 자신을 채찍질하지만 말고 칭찬을 통해 긍정성도 강화해야 한다.

오디오북을 들어라

세상에는 당신이 언제든 들을 수 있는 훌륭한 오디오 프로그램이 정말 많다. 특히 차를 운전해 어디론가 이동할 때 음악만 듣지 말고 오디오 강연이나 오디오북을 들어보라. 당신의 차는 단순한 이동수단이 아니라 바퀴 달린 학교가 될 것이다. 시간이 없다는 핑계로 새로운 정보를 받아들이는 일을 멈추어서는 안 된다. 배움을 멈추는 순간 성공 메커니즘도 멈춘다.

누구에게나 친절하라

만나는 모든 사람을 세상에서 가장 중요한 사람인 것처럼 대해야 한다. 사람의 인연은 언제 어디로 향할지 모르니 품격, 존경심, 유쾌함, 친절함, 다정함, 예의를 갖추고 상대를 대하라. 성공한 사람들은 주변 사람들에게 평판이 좋다. 모두를 친절하게 대한다면 성공으로 향하는 모든 기회의 문이 열릴 것이다.

목적지를 정해야 출발할 수 있다

목표를 실행하는 7단계 프로세스

- 원하는 것을 구체적으로 떠올려라.
- 설정한 목표를 글로 적어라.
- 기한을 정하라.
- 해야 하는 일의 목록을 작성하라.
- 체크리스트를 활용하라.
- 한 걸음만 내디뎌라.
- 계속하라.

목표를 세울 때 유용한 도구

목표가 가장 강력한 동기를 부여한다. 나를 주어 삼아, 긍정적인 어조로, 현재 시제로 목표를 설정하라. 이를 3P 기법이라 한다.

위기 상황일수록 목표가 필요한 이유

삶이 완벽한 순간에도 목표는 계속해서 재설정되어야 한다. 성취감을 느끼지 말라는 것이 아니라 행복을 유지하려면 매 순간 자기혁신을 멈추어서는 안 된다는 뜻이다. 또한 실패한 순간에는 목표가 자존감이자 버팀목이 되어줄 것이다.

3P 기법으로 목표 세우기

우선, 당신의 인생 목표를 한 문장으로 써보라.

01 Personal
문장의 주어가 '나'로 설정되었는가?
그렇지 않다면 '나'로 시작하도록 다시 써보라.

02 Positive
목표는 긍정문으로 서술되었는가?
부정적인 표현이 들어가 있다면 긍정적인 표현으로 고쳐보라.

03 Present Tense
목표를 현재 시제로 작성했는가?
미래 시제로 작성한 경우, 생생한 현재형으로 고쳐보라.

5장

빠르게 시도하고
유연하게 대처하라

"너무 소심하고 까다롭게
자신의 행동을 고민하지 말라.
모든 인생은 실험이다.
실험은 많이 할수록 더 나아진다."

—랄프 왈도 에머슨(미국의 사상가, 『자기 신뢰』 저자)

"가장 강하거나 똑똑한 개체가
생존하는 것이 아니다.
변화에 가장 잘 적응한 개체가 생존한다."

—찰스 다윈(영국의 생물학자, 『종의 기원』 저자)

여기까지는 어쩌면 대부분의 사람들이 잘 따라 했을지도 모른다. 문제는 지금부터다. 실제 행동으로 옮기는 사람이 극소수라는 것이다. "음, 좋은 이야기네"라고 중얼거리며 책을 덮는다면 당신의 삶은 달라질 것이 없다. 행동이야말로 성공에 꼭 필요한 자질이다. 재능이 충분한데도 불구하고 용기가 없거나 낙담해서 행동하지 않는 사람이 정말 많다. 핑계 없는 무덤 없다고 그들은 하지 않는 것에 대한 이유를 수십 가지씩 대곤 한다. 실행만 한다면 무엇이든 이룰 수 있는 잠재력을 아깝게 낭비하지 않았으면 한다. 미국의 사상가이자 『자기 신뢰』(현대지성, 2021)의 저자 랄프 왈도 에머슨Ralph Waldo Emerson은 "너무 소심하고 까다롭게 자신의 행동을 고민하지 말라. 모든 인생은 실험이다. 실험은 많이 할수록 더 나아진다"라는 말을 남겼다.

당신이 목표를 이루기로 결심하는 순간, 마치 어두운 무대 위에서 핀pin 조명이 켜지듯 해야 할 첫 번째 행동이 눈에 보일 것이다. 첫 단계는 언제나 눈에 선명하게 보인다. 그 행동을 취하고 나면 두 번째 단계가 나타나고, 두 번째 단계를 밟으면 세 번째 단계를 알게 된다. 무엇이든 행동을 취해야 다음에 할 행동을 자연스레 깨닫게 되는 법이다. 그런데 우리는 늘 마음먹은 순간에 보이는 막연한 미래에 겁을 먹고 행동을 주저하기에 앞으로 나아가지 못한다. 실패하는 것보다 아무것도 하지 않는 것을 택한다.

피터 드러커는 목표로 나아가는 올바른 경로를 설정하기 위해서는 적어도 방향을 네 번은 틀어야 한다고 말했다. 하지만 이제 그것도 옛날 이야기인 듯하다. 실천하지 못하는 사람들에게는 절망적인 이야기일 테지만, 하버드대학교에서 출간하는 경영학 잡지 『하버드 비즈니스 리뷰』에 실린 한 연구에 따르면 어떤 기업은 효과적인 사업 모델을 찾기 위해 15회나 수정을 거쳤다고 한다. 또 다른 기업은 34회의 변화 끝에 비로소 성공했다고 한다. 어떤 사람은 창업 이후로 사업 모델을 99회나 바꾸고 포브스 선정 슈퍼리치 명단에 이름을 올렸다.

한편 어떤 행동의 효과가 제대로 나타나지 않는데도 문제를 인지하지 못하고 처음 세운 계획에 푹 빠져 무조건 실행하려고만 하는 사람들도 있다. 피터 드러커는 여기에 대해서도 이렇게 말했다. "만약 경영자의 자존심 때문에 기업의 임원실에서 얼마나 많은 실수가 발생하는지를 대중이 알게 된다면 거리에서는 매일 폭동과 시위가 일어날 겁니다."

물론 우선 행동하는 것이 중요하다. 그다음으로 중요한 것은 피드백을 수용하는 것이다. 어떤 아이디어가 떠오르면 행동하고, 빠르게 실패해보고, 그 결과에서 배우고 계획을 수정해서 다시 도전하라. 성공은 이와 같은 행동-실패-수용-행동이라는 끊임없는 순환을 거쳐 비로소 완성된다. 굴지의 베스트셀러『좋은 기업을 넘어 위대한 기업으로』(김영사, 2021)를 쓴 저자이자 기업 컨설턴트인 짐 콜린스Jim Collins는 피드백이 부재한 채 나아가는 것을 일컬어 '파멸의 올가미Doom loop' 상태라고 표현했다. 파멸의 올가미에 빠지지 않으려면 실수를 저질렀을 때 외면하거나 회피하지 않고, 수용하고 피드백을 반영해 돌파구를 찾아내야 한다.

시도하고 배우고 변화하라. 고집스러운 자존심과 학습된 무기력, 현실 안주에서 벗어나야 한다. 이것들은 당신에게 편안함을 줄 수 있을지언정 행복을 영원히 보장해주지 않는다. 단 한 차례의 시도만 하고 효과가 없다고 느끼고 금방 포기하지는 않았는가? 머릿속에 "처음부터 잘못된 생각이었어", "잘못된 계획임이 틀림없어, 지금이라도 멈추는 게 좋지 않을까?"라는 나약한 생각이 비집고 들어오지 않았는가? 이때 당신을 나아가게 할 덕목이 유연성이다. 진화론을 주장했던 과학자 다윈이 한 "가장 강하거나 똑똑한 개체가 생존하는 것이 아니다. 변화에 가장 잘 적응한 개체가 생존한다"라는 말을 기억하라. 또한 1990년대 뉴욕의 한 연구소의 연구도 참고할 만하다. 그들은 21세기에 가장 필요한 성공의 자질이 무엇인지 조사했는데, 비전, 용기, 야망, 끈기, 혁신 등 여러 자질을 분석한 끝에 변화에 유연하게 대처하는 능력이야 말로 성공에 꼭 필요한 자질이라고 밝혔다.

현실 안주, 무기력이라는 감옥에서 벗어나려면

─────◆◇◇◇◇◆────

디자이너이자 포춘 500대 기업 중 다수를 고객으로 두고 있는 컨설턴트인 가르 레이놀즈Garr Reynolds는 '프레젠테이션 젠 presentationzen.com'이라는 웹사이트에서 대나무가 우리에게 건네는 일곱 가지 교훈을 소개한다. 이는 우리가 어떻게 유연성을 키울 수 있는지에 대한 해답이 될 것이다.

내게 중요한 가치의 우선순위를 정할 것

대나무는 거센 바람에 휘어질지언정 부러지지는 않는다. 뿌리가 단단히 잡혀 있기 때문이다. 하버드대학교 연구진은 수백 명의 CEO를 대상으로 지금까지의 사업 중 가장 큰 실패는 무엇인지, 완전히 실패했을 때는 어떻게 대처했는지 조사했다. 그런데 대부분의 기업가들은 어리둥절해하며 자신의 사업은 실패한 적이 없다고 답했다. "출시한 제품이나 서비스가 좋은 반응을 얻지 못했던 경험이 있지 않나요?"라는 질문에는 다음과 같이 답했다.

"아니요. 그것들은 실패가 아니었습니다. 배움의 경험이었지요. 우리는 실패하지 않습니다. 단지 무언가를 배울 뿐이지요."

큰돈을 잃고 원했던 결과를 얻지 못해 사업이 어려워지는 경우도 있었지만 대부분의 리더들은 이를 소중한 배움의 기회로 받아들였던 것이다.

다시 대나무 이야기로 돌아가면, 대나무의 단단한 뿌리는 당신이 머지않아 성공할 것이고 지금의 시련은 일시적인 좌절일 뿐이라는 흔들림 없는 믿음을 상징한다. 무언가를 시도했는데 기대한 만큼의 결과가 나오지 않아도 괜찮다. 잠시 심호흡하고 한 걸음 후퇴해 다른 방법을 연구하면 된다.

다만 원칙에 타협하는 것과 유연성은 다르게 봐야 한다. 혹자는 휘어지되 부러지지 않는다는 말을 상황에 따라 가치관을 버리고 절대 실패하지 않아야 한다는 뜻으로 받아들인다. 뿌리가 튼튼하다는 말은 자신이 믿고 지향하는 바가 확고하다는 뜻이다. 수많은 경제경영서에서 리더의 덕목으로 강조하는 것도 일관된 가치관이다. 과거 애플의 브랜딩을 총괄한 전설적인 마케터이자 이후 창업 전도사로 활동하고 있는 가이 가와사키Guy Kawasaki의 말을 빌리면 사업을 시작할 때 가장 먼저 할 일은 핵심 인재들에게 이렇게 묻는 것이다. "우리는 무엇을 믿는가? 우리의 기본적인 가치관은 무엇인가? 절대적으로 고수할 확고한 원칙이 있는가?"

당신이 가장 중요하게 여기는 가치를 다른 모든 것보다 우선시해야 한다. 이를테면 성공에 대한 욕구, 큰돈을 벌고자 하는 욕구가 있지만 실패나 실수에 대한 두려움이 더 크다면 진취적인 도전보다는 안정적인 기반 설립이 우선순위가 될 것이다. 즉, 중요하게 여기는 가치를 명확히 하고 우선순위를 정해놓아야 나아갈 길이 명확하게 보인다.

가치관의 목록은 같지만 그 순서가 다른 두 사람을 만났다고 해보자. 가족, 건강, 성공의 순서로 가치의 우선순위를 정해둔 인물과 성공, 가족, 건강의 순서로 가치의 우선순위를 정해둔 인물이 있다. 과연 두 사람 사이에 어떤 차이가 있을까? 가족을 가장 우선시하는 사람과 성공을 가장 우선시하는 사람은 매우 다를 수밖에 없다. 나에게도 성공을 가장 우선시하는 친구가 있었다. 그는 일찍 결혼해서 장성한 아이들까지 있었다. 아주 똑똑하고 친절한 성품까지 겸비해 큰 성공도 거둔 친구였다. 어느 날, 부부 동반 모임으로 그의 집에 여러 친구들이 모여 함께 사업에 관한 대화를 나누던 중 그가 이렇게 말했다.

"나에게는 확고한 원칙이 하나 있어. 언제나 성공을 최우선으로 둔다는 거지. 가족과 보내는 시간도 중요하지. 그런데 일단 일에 집중해 성공하고 그 뒤에 가족과 함께 물질적인 풍요로움을 누리며 시간을 보내면 더 좋은 거 아닐까?"

순간 그의 아내를 바라보니 표정이 차갑게 굳어 있었다. 충격을 받은 기색이 역력했다. 그리고 안타깝게도 얼마 지나지 않아 아내는 암에 걸려 투병하다가 세상을 떠났다고 한다. 아들은 알코올 중독에 빠졌다는 소식이 들려왔다. 딸은 아이를 임신한 뒤 멀리 떠났다고 했다. 그 친구는 얼마 뒤 재혼에 성공했지만 불행은 그치지 않고 안타깝게도 곧 파산했다고 한다.

자신에게 중요한 가치가 무엇인지 시간을 들여 생각하는 일은 정말 중요하다. 그것이 곧 당신의 뿌리가 되어 당신을 든든하게 지켜줄 것이기 때문이다.

외유내강의 자세를 지닐 것

대나무가 주는 두 번째 가르침은 약해 보이지만 강하다는 것이다. 대나무는 극도로 추운 겨울과 더운 여름을 견뎌낼 뿐만 아니라, 심지어 태풍이 불어와 모든 것을 쓸고 지나간 후에도 유일하게 그대로 남아 우뚝 서 있다. 이런 대나무의 특징을 인간의 성공 전략과 어떻게 연관 지을 수 있을까?

짐 콜린스는 『좋은 기업을 넘어 위대한 기업으로』에서 오랜 시간 괜찮은 기업으로 운영되다가 세계적인 선도 기업의 반열에 오른 회사들을 분석했다. 위대한 기업에는 언제나 회사를 대표하는 스타 CEO가 있었는데, 그들은 외향적이거나 내향적인 성향에 관계없이 모두 외유내강형 단계5의 리더십을 소유하고 있었다. 콜린스는 능력이 뛰어난 개인인 단계1의 리더부터 합심하는 팀원, 유능한 관리자, 효율적인 리더, 단계5의 리더까지 다섯 단계로 리더십을 구분했다. 단계5의 리더는 개인적 겸양과 직업적 의지를 바탕으로 지속적인 성과를 냈다. 평소 매우 차분하고 느긋하며, 회사를 사랑하고 조직의 성공에 헌신하며, 아주 높은 도덕적 가치관을 지닌 이들이다. 또한 그들이 중요시한 공통적인 가치는 우수한 인재, 긍정적인 관계, 고객에 대한 헌신, 제품과 서비스의 품질 향상, 탁월함에 대한 절대적인 의지와 헌신이었다. 다시 말해 훌륭한 리더란 자신을 내세우지 않고, 권위를 강조하지 않으며, 언변이 화려하지도 않지만 누구보다 과감한 결단력을 발휘하는 부지런한 이들이다. 겉으로는 약해 보일지라도 강한 이들이다.

배우기를 멈추면 변화된 상황에 대처할 수 없다

대나무로 무언가를 만들 때는 큰 가공이나 세밀한 마무리 작업이 거의 필요하지 않다. 이런 특징을 인간에게 적용해보면 항상 준비되어 있는 태도로 해석할 수 있다. 그러기 위해서는 계속해서 배워야 한다. 몸담은 분야의 최신 소식과 정보를 잘 알고 있는 사람만이 환경의 변화에 유연하게 대처할 수 있기 때문이다. 워런 버핏의 오른팔이자 버크셔 해서웨이의 부회장이었던 억만장자 찰리 멍거Charlie Munger는 "오늘 계속 배우고 성장하지 않는다면 내일은 아무런 기회가 오지 않을 것이다"라고 말하기도 했다.

멕시코의 통신 재벌이자 최고의 부호인 카를로스 슬림Carlos Slim의 일상에서도 성장의 중요성을 엿볼 수 있다. 그는 여유 시간의 80퍼센트를 독서에 쏟는다. 분야를 가리지 않고 읽고 또 읽으며, 배우고 또 배운다. 사업에 중요한 새로운 정보와 지식을 받아들이는 데 거리낌이 없고 이를 바탕으로 아이디어를 구상하고 훌륭한 결정을 내린다. 미래 가치를 바탕으로 아무도 관심을 기울이지 않는 투자 종목을 사들이기도 한다.

성장하는 삶을 사는 이들은 내 강의를 들으러 온 청중 중에도 찾아볼 수 있다. 나는 '비즈니스 모델 재창조Business Model Reinvention'라는 2일 과정의 강의를 진행하고 있는데, 여기서는 업종에 상관없이 모든 사업군의 수익 모델을 새롭게 구상해준다. 어떤 이유에서든 수익이 감소하면 비즈니스 모델이 애초에 잘못되었거나 더 이상 작동하지 않는다는 뜻이니 변화가 필요하다. 이 강의를 들은 청중의 80퍼센트는 자신의 자리로 돌아가서 사업에 변화를 준다. 자그마치 80퍼센트가 말이다. 그렇다면 이 강의를 들으러 오는 이는 누구일까? 다름 아닌 업계에서 오랜 시간 종사해온 최고의 기업가들이다. 관리자, 경영자, 누구나 이름만 들으면 알 법한 성공한 백만장자가 와서 듣는다. 그야말로 얼굴 한번 보기 어려울 정도로 바쁜 이들이 강연장 맨 앞줄에 앉아 메모하며 귀를 기울이는 것이다. 스스로를 계속 업그레이드하지 않으면 뒤처진다는 사실을 이미 알고 있기 때문이다.

충분히 자고 휴식할 것

대나무에는 원래 상태로 복구하려는 힘이 있다. 우리가 여기서 얻을 수 있는 교훈은 회복탄력성을 키워야 한다는 것이다.

회복탄력성과 관련해 강조하고 싶은 것은 수면이다. 당신의 뇌가 제대로 기능하게 하려면 충분히 자야 한다. 전자기기의 배터리가 닳으면 충전해야 하듯이 육체와 정신의 배터리에도 충전이 필요하다. 책상 앞에 앉아서 하는 일이든 현장에서 몸을 움직이는 일이든, 업무 효율을 높이기 위해서는 머리를 비우고 푹 쉬며 매일 완충하는 것이 대단히 중요하다.

최근 진행된 수면 시간과 관련된 연구에 따르면 보통 사람들은 하루에 6~7시간 정도 잔다. 반면 백만장자라 불리는 부자들은 평균적으로 8시간 이상 자고 매일 아침 6시 이전에 일어난다. 다시 말해 밤 9시에는 잠자리에 든다는 뜻이다. 일찍 잠자리에 들고 충분히 자면 회복력은 저절로 좋아진다. 무슨 일이 일어나든 침착함과 평온함을 유지할 수 있는 것은 덤이다. 반면 제대로 자지 못하면 피곤하고 예민해져서 작은 일에도 짜증이 나고 상황을 회피하고 싶어진다.

나는 가끔 강연에서 청중에게 이렇게 묻는다.

"혹시 오늘 아침에 일어나자마자 조금만 더 자고 싶다고 생각한 분 있나요?"

그러면 절반 정도는 손을 든다. 한마디로 그들은 수면 부족 상태로 하루를 보내는 것이다. 나는 그들에게 조언했다.

"밤 9시에는 잠자리에 드세요. 휴대폰을 끄고 8~9시간, 조금 피곤한 날에는 10시간 동안 푹 주무세요."

이 조언을 실천한 사람들은 놀랍게도 다음 회차 강연에서 한눈에 알아볼 수 있을 정도로 얼굴 표정과 기운이 달라져 있곤 했다.

잠을 잘 자면 일상에서 활력을 유지할 수 있을 뿐만 아니라 건강에도 실질적으로 도움이 된다. 수면 시간이 부족하거나 수면의 질이 낮으면 보상 심리로 과식하기 쉬워 과체중의 위험이 있기 때문이다. 또한 낮 동안에 잠을 깨겠다고 커피나 탄산음료를 마시면 이것은 악순환이 되어 다시 밤이 되면 잠에 들지 못하게 한다. 잠을 자고 싶어서 과음을 하거나 수면제를 처방받는 사람도 보았는데 무언가에 의존해 잠을 청하는 것은 권장할 만한 사항이 아니다.

8~9시간 정도의 수면 시간을 확보하는 것이 마치 시간 낭비처럼 느껴질 수도 있지만 실제로는 일상에서 집중해 일하고 명

료한 정신을 유지하게 해 일의 효율성을 높여주어 잘못된 결정을 내릴 확률을 줄여준다. 피곤할 때는 5~6시간을 질질 끌어야 겨우 끝마치는 일도 잠을 푹 잔 다음에 하면 2~3시간 만에 끝낼 수 있다. 몸이 건강해지니 스트레스받을 일이 줄고, 감정이 날카롭지 않으니 가족을 비롯한 주변 사람들과의 사이는 더 돈독해진다. 미팅이나 사업상의 대화를 능숙하게 이끌고 더 큰 영향력과 설득력을 발휘하게 된다. 잠을 푹 자면 유머 감각도 좋아진다. 이로 인해 성공할 가능성은 더욱 커진다. 나는 실제로 수면 습관을 바꾸고 나서 3개월 만에 수입이 세 배로 늘어난 사람을 만난 적도 있다.

잠자는 시간을 아껴가며 정보에 귀를 열고 세상을 둘러보는 것도 중요하지만, 너무 많은 일에 휩쓸리지 않도록 완급조절하는 것도 목표 달성에 꼭 필요한 기술임을 잊지 말라.

하루 30분 이상 명상할 것

속이 빈 대나무는 생각과 고민이 너무 많아지면 새로운 사실을 받아들이지 못한다는 오랜 진리를 일깨워준다.

유명한 사상가이자 시인인 랄프 왈도 에머슨은 직관이 이끌어주는 말과 행동을 일컬어 '내면의 고요하고 작은 목소리the still, small voice within'라고 표현했다. 내면의 목소리를 들으려면 먼저 침묵의 영역을 만들어야 한다. 명상과 비슷한 의미로 사용되는 마음챙김은 오늘날 전 세계적으로 인기를 끄는 중요한 주제다. 마음챙김을 위해 며칠간 피정避靜을 떠나는 사람부터 수천 달러를 들여 전문가에게 수업을 받는 사람까지 내면의 목소리에 도달하고자 하는 노력은 다양하다. 그러나 마음챙김은 혼자서도 충분히 시작할 수 있다. 그저 침묵하며 가만히 앉아 있기만 해도 된다. 휴대폰, 잡지, 어디선가 흘러나오는 음악 소리 등 주변을 둘러싼 모든 것을 치우고 30분 정도 혼자 조용히 앉아 있으라.

이때 흙탕물이 담긴 양동이를 떠올리면 좋다. 양동이를 가만히 두면 흙이 가라앉고 물은 점점 맑아지는 것처럼 우리의 뇌도 맑아질 것이다. 가만히 앉아 있다 보면 자리에서 일어나 무언가를 하고 싶다는 충동이 느껴질 것이다. 그때는 눈을 감고 참아야 한다. 뇌가 맑아지는 데는 25분 정도가 걸린다고 한다. 머릿속이 맑아지고 나면 마음은 침착해지고 당신이 마주한 문제의 답이 떠오를 것이다. 거대한 광고판에 뜬 글자처럼 아주 분명하게 말이다. 프랑스의 철학자 블레즈 파스칼Blaise Pascal은 "인간의 모든 문제는 방 안에 홀로 조용히 앉아 있을 수 없다는 것에서 온다"라고 말하기도 했다.

진정한 성공은 내가 원하는 것을 이루는 것이기에 내면의 목소리를 듣는 것이 중요하다. 아무것도 하지 않고 앉아 있다 보면 어느새 당신 내면의 목소리가 정말 중요한 것이 무엇인지 가리킬 것이다. 점점 침묵을 경험하기 힘든 세상에서 내면의 목소리를 듣게 하는 명상은 성공을 위해 할 수 있는 아주 간단한 일이다.

마디를 만드는 대나무처럼

대나무는 매우 빠르게 자라는 식물이다. 그러나 대나무 씨앗에서 싹이 트기까지는 오랜 시간이 걸린다. 씨앗을 심고 물을 주며 몇 달이 지나고 심지어 1년이 지나도 아무런 일도 일어나지 않는다. 3년을 계속해도 마찬가지다. 겉으로는 변화가 없지만 사실 대나무는 그 시간 동안 땅 아래에서 매우 정교한 뿌리를 내리고 있다. 4~5년 정도 지나면 비로소 싹이 나고, 그때부터는 아주 빠르게 자라기 시작한다. 죽순에서 20미터 이상의 대나무로 자라기까지 고작 40일 정도밖에 걸리지 않을 정도다. 다자란 대나무의 길이는 30미터 가까이 되며 세계에서 가장 튼튼한 식물로 꼽힌다. 대나무가 이렇게 크고 강하게 자랄 수 있는 것은 모두 오랜 시간 동안 힘을 축적한 덕분이다. 또한 중간중간 성장을 멈추고 내부에 힘을 모은 결과물인 마디 덕분이다.

우리가 무언가를 배우고 새로운 기술을 개발할 때도 이 사실을 잊지 말아야 한다. 위로 올라가는 성장만이 성장이 아니다. 때론 더 아래로 내려가 돌아보고 내실을 다져야 할 때도 있고, 제자리를 맴도는 것 같은 시간을 견뎌야 할 때도 있다. 어느 날 나는 운전을 하며 어떤 성공한 기업가의 인터뷰를 듣고 있었다. 진행자가 물었다.

"사업에 성공한 가장 큰 비결은 무엇인가요?"

그 기업가는 일말의 고민도 없이 이렇게 답했다.

"비즈니스에서 성공의 90퍼센트는 애초에 제품의 품질이 좌우합니다. 탁월한 제품이 가장 중요하지요."

그 말을 듣는 순간, 나는 깜짝 놀라 사고를 낼 뻔했다. 비즈니스의 본질인 제품의 품질이 중요하다는 말이야 수없이 들어보았지만 성공의 90퍼센트를 좌우한다고까지 이야기하는 사람은 처음이었기 때문이다. 그 말에서 영감을 얻어 나는 이틀간의 강의를 기획했다. 강의는 "어떻게 탁월한 제품을 개발하고 판매할 수 있을까?", "탁월하다는 것은 어떻게 판단할 수 있는가?", "뛰어난 제품을 만드는 데 필요한 사람과 기술, 공법은 어디에서 얻을 수 있는가?"라는 질문으로 구성되어 있었다. 나는 강의에서 기업가들에게 다음과 같이 물었다.

"여러분의 제품이나 서비스를 사용한 후 고객의 몇 퍼센트가 훌륭한 제품이라고 생각할까요? 그 비율이 여러분이 하고 있는 비즈니스의 미래를 결정합니다."

너무나도 당연한 소리라고 생각할 수도 있다. 하지만 목표를 이루고자 하는 마음이 지나치게 앞선 경우 제품의 내실은 적당히 타협하고 급히 시장에 선보이는 경우가 있는 것도 사실이다. 이를 개인의 영역에 적용해도 비슷한 결과를 가져온다. 상위 10퍼센트 안에 드는 인재가 되기로 결심했다고 모두 같은 노력을 하는 것이 아닌 것처럼 말이다.

그렇다면 성공에는 대략적으로 얼마 만큼의 시간이 필요할까? 평범한 사람의 범위를 뛰어넘는 우수한 이들을 분석한 말콤 글래드웰Malcom Gladwell의 저서 『아웃라이어』(김영사, 2019)에 따르면 평균 5~7년 정도의 시간이 필요하다고 한다. 짐 콜린스 또한 강력하고 침착하며 능률적인, 단순히 '좋은 리더'를 뛰어넘는

'위대한 리더'가 되기까지는 5~7년이 걸린다고 말했다.

우리가 마디를 만드는 대나무처럼 성장의 시간을 축적해야 하는 현실적인 이유는 다름 아닌 수입의 차이다. 명의로 알려진 의사는 하루에 8~10만 달러를 버는 반면, 평범한 의사는 환자 한 사람을 진료할 때마다 150달러씩 받는다. 같은 의대에서 공부했지만 헌신적으로 기술을 갈고닦은 의사들은 점점 앞서나가 격차를 벌린다. 알다시피 수입의 격차는 10~20퍼센트가 아니라 10~20배 가까이 늘어난다. 이것이 단순히 운이 좋아서일까? 모두 매일 조금씩 성장하고자 노력한 시간과 헌신 덕분이다.

단순하게 행동하라

대나무가 우리에게 건네는 마지막 교훈은 단순하게 살라는 것이다. 대나무의 겉모습은 매우 단순해 보이지만 내실이 탄탄해 그 쓰임새가 다양하다.

성공에는 엄청나게 복잡한 공식이 필요하지 않다. 오히려 무언가에 집중하거나 한 가지만 끈질기게 물고 늘어지는 단순함이 필요하다. 이렇게 생각해보자. 만약 당신의 사업이나 인생이 계획대로 굴러가지 않는다면 어떻게 재설계를 해야 할까? 답은 더 복잡한 무언가를 하려고 애쓰기보다 무언가를 하지 않는 것에 있다. 불경기에도 오래 살아남아 성공한 기업은 기존에 하던 일을 멈춘 기업이었다. 어려움을 극복하기 위해 새로운 일을 이것저것 시작한 기업이 아니라, 비효율적인 일을 가장 많이 쳐낸 기업이다. 회사가 위기에 처하면 의사결정을 내린 임원을 내

보내거나 경영을 정상화할 전문가를 영입하는 것도 같은 맥락이다. 회사를 곤경에 빠뜨린 결정을 내린 고위 임원들 대부분에게는 회사를 그 곤경에서 건져낼 능력이 없다. 그들이 고안해 낸 기존 제품이나 의사결정에 너무나 많은 감정과 자존심이 개입되어 있기 때문이다. 하지만 새로 온 전문가는 이전 제품이나 의사결정에 대해 사적인 감정이 전혀 없다. 게다가 대부분 1년 이하의 계약직으로 짧은 기간 머무르기에 전기톱을 들고 와서 회사의 잘못된 제품이나 결정을 무자비하게 쳐낼 수 있다. 세계적으로 조직개혁과 경영혁신의 귀재로 불리는 앨버트 던랩Albert Dunlap은 '전기톱 던랩Chainsaw Dunlap'이라는 무시무시한 별명을 지니고 있다. 그는 포춘 500대 기업에 속하지만 심각한 적자 상태였던 회사를 12개월 만에 흑자로 전환한 뒤 두둑한 보너스를 받고 물러나곤 했다. 단순함의 힘은 숫자로 환산될 정도로 명확하다.

스스로에게 이런 질문을 던져보라. "오늘 내가 한 일 중에 과거로 돌아간다면 시작하지 않을 일이 있는가? 처음에는 좋은 생각처럼 보여 시도했지만 지금 상황에서 다시 판단했을 때 시작하지 말았어야 할 일은 무엇인가?" 명심하라. 무언가를 계속해서 추가하고 일을 복잡하게 하는 것은 아무런 도움이 되지 않는다. 잘못되고 있는 일을 발견하면 즉각 멈추고 단순화하는 것이 오히려 더 도움이 된다. 우리는 모두 성공이라는 한 가지 목표를 위한 혁신과 개혁의 전문가가 되어야 한다.

정말 중요한 것만 남기는 기술

단순하게 행동하려면 불필요한 단계를 줄이는 프로세스 재설계가 필요하다. 헝가리 출신 기업가 앤디 그로브는 자신의 저서 『하이 아웃풋 매니지먼트』(청림출판, 2018)에서 관련 내용을 다루었다. 그는 프로세스의 모든 단계를 목록으로 작성하고, 그중 30퍼센트를 줄일 것을 제안한다. 방법은 이렇다.

첫째, 단계를 완전히 삭제한다. 많은 단계들이 긴급 상황에 만들어지거나 실수로 추가되곤 하기 때문이다. 둘째, 비슷한 두세 단계를 합쳐 하나로 만든다. 셋째, 전체 또는 일부 단계를 중단한다. 넷째, 더 잘할 수 있는 다른 회사나 전문가에게 아웃소싱한다. 이런 과정을 거쳐 업무 단계의 30퍼센트를 줄이고, 처음으로 다시 돌아가 또 30퍼센트를 줄이길 반복하는 것이다.

불필요한 사업을 줄여 크게 성공한 사례로는 애플을 들 수 있다. 1997년, 애플로 돌아온 스티브 잡스Steve Jobs는 회사가 파산 직전에 있다는 사실을 직시했다. 수천 명의 직원이 전 세계에서 104종이나 되는 애플 제품을 판매하고 있었다. 그는 회사의 출혈을 멈추기 위해 경영진을 불러 앞으로 계속 판매해도 될 제품을 10종으로 추렸고, 나머지 90여 종의 제품은 모두 판매 중단하겠다고 선언했다. 잡스는 그 목록을 모두에게 공유하며 말했다.

"자, 이제 집에 돌아가 며칠 고민해보며 이 목록에서 6종을 더 없애주세요."

경영진이 충격에 휩싸여 말을 잇지 못하는 사이, 잡스는 다시 입을 열었다.

"이렇게 하지 않으면 회사의 문을 닫아야 합니다. 여러분뿐만 아니라 전 세계 수많은 직원들의 일자리가 위태롭다는 사실을 잊지 말아주세요."

임원들은 부루퉁한 표정을 짓거나 발끈 화를 냈고, 일부는 사임하기도 했다. 하지만 애플은 결국 104종의 제품 중 100종을 생산 중단했고 비로소 회사의 경영난을 해소했다. 성장률이 낮거나 매출, 수익이 거의 없는 제품을 단종함으로써 애플은 이후 몇 년 안에 세계에서 가장 인기 있고 가치 있는 기업이 되었다.

우리는 새로운 일을 시작할 때 사실이 아닌 무언가를 가정하기도 한다. 없는 시장이 존재한다고 하며 수익성이 충분하다고 말한다. 혹은 시장 사이즈가 충분하지 않아 손해를 볼 것이라고 단정한다. 아직 많이 부족한 누군가를 영입하면서 좋은 인재로 성장할 것이라고 무작정 믿기도 한다. 피터 드러커는 이와 같은 '잘못된 가정Errant Assumptions'이 모든 실패의 근원이라고 했다. 단순하게 행동하고 정말 중요한 것만 남기기 위해서는 당신에게 떠오른 모든 가정에 의문을 제기하고 이렇게 질문해야 한다. "만약 내가 틀렸다면? 만약 제품과 서비스, 시장, 고객에 대한 나의 가정이 완전히 틀렸다면? 그렇다면 어떻게 해야 할까?"

다음은 잘못된 가정을 피하기 위해 내가 경영 수업에서 가르치는 기본적인 질문이다. 아주 쉽고 단순하다.

- 나는 무엇을 하려고 하는가?
- 나는 그것을 어떻게 하려고 하는가?
- 그것을 이루기 위한 더 좋은 방법이 있는가?

이 질문에 대한 명확한 답이 나올 때 당신이 정말 하고자 하는 일을 찾을 수 있을 것이다. 일을 하다 보면 맞닥뜨리는 실망스러운 성과나 스트레스와 분노 상황에서도 스스로에게 질문하는 과정이 필요하다. 어쩌면 위의 질문에 대답하다가 무언가를 하려고 수년간 똑같은 방식을 고수했지만 아무런 효과가 없었다는 사실을 깨달을지도 모른다. 그래도 괜찮다. 그 지점에서부터 새로운 방법을 다시 찾으면 된다.

우리는 오늘 일한 방식보다 더 나은 방식이 있는지 끊임없이 질문해야 한다. 언제나 더 나은 방법은 존재하기 마련이고 새로운 문도 늘 열리기 마련이다. 스스로 가능한 한 많이 질문해보라. "나는 무엇을 어떻게 하려고 하는가?", "그것은 과연 효과적인 방법인가? 만약 그 방법이 효과가 없다면?", "나는 무엇을 가정하고 있는가? 만약 내 가정이 틀렸다면 어떻게 해야 하는가?", "만약 예산이 무한해서 원하는 일을 무엇이든 할 수 있다면?", "만약 6개월 안에 이 목표를 달성하지 못할 때 누군가 내 머리에 총을 쏜다면 나는 어떤 방법을 택할 것인가? 지금 당장 어떤 변화를 추구해야 할까?" 질문의 압박이 더해질수록 놀라운 아이디어를 떠올리기 마련이다.

빠르게 시도하고 유연하게 대처하라

행동이 없다면 절대 성공할 수 없다. 행동하고, 피드백을 수용하고, 변화에 유연하게 대처하라. 구부러지지만 절대 부러지지 않는 대나무에서 유연성을 배워라. 더불어 스스로에게 하는 질문은 언제나 더 나은 방향을 찾게 해줄 것이다.

현실 안주, 무기력이라는 감옥에서 벗어나려면

- 내게 중요한 가치의 우선순위를 정하라. 믿고 지향하는 가치는 대나무의 깊고 단단한 뿌리처럼 나를 지켜줄 것이다.
- 외유내강의 자세를 지녀라. 겸양하며 뛰어난 직업적 의지를 잃지 말라.
- 항상 준비하라. 기회가 왔을 때 붙잡기 위해서는 끊임없이 배우고 대비해야 한다.
- 충분히 자고 휴식하라. 일의 효율성을 높여주고 결정의 실수도 줄여준다.
- 하루 30분 이상 명상하며 내면의 목소리에 귀를 기울여라. 진정한 성공은 내가 원하는 것을 이루는 것이다.
- 성장의 시간을 견뎌라. 더 높이 올라가기 위해 마디를 만드는 대나무처럼 제자리를 맴도는 것 같은 순간도 참아내야 한다.
- 단순하게 행동하라. 중요한 것만 남기고 나머지는 없애라.

<u>01</u> 당신은 오늘 어떤 일을 할 것인가?
일상의 과업부터 학습 업무 계획까지 무엇이든 목표를 작성하라.

<u>02</u> 1번에서 작성한 답을 어떻게 실행할 것인가?
구체적인 방법을 생각해 세 줄로 작성해보라.

<u>03</u> 더 좋은 방법은 없는가? 최선의 방법을 떠올려보라.

6장

나 자신의
첫 번째 후원자가 되라

"정말로 밝게, 활짝 웃어보라.
가슴을 활짝 펴고 깊이 숨을 들이마셔라."
— 데일 카네기(자기계발의 대명사, 『인간관계론』 저자)

"우리를 행복하게 만드는 것은
환경이나 조건이 아니라,
아주 작은 것에서 행복을 찾아내는
우리의 생각이다."
—에이브러햄 링컨(제16대 미국 대통령)

인간은 자신을 둘러싼 환경에 큰 영향을 받는다. 나를 둘러싼 것은 내·외부로 나눌 수 있는데, 외부는 마음대로 되지 않는 정해진 영역이지만 내부는 스스로 통제할 수 있는 가변적 영역이다. 바꿀 수 없는 것에 불평하기보다는 바꿀 수 있는 것에 집중해야 한다.

내 삶에 혁명 같은 변화를 가져다준 간단한 원칙이 있다. 긍정적인 자기 확언과 자기 대화는 무궁무진한 잠재력을 발휘하게 한다는 것이다. 대개 사람은 생각하는 대로 된다. 평소 하는 말이 그 사람의 삶 전체를 결정하는 것이다. 인간에게 미치는 영향력은 외부의 영향력보다 내부의 영향력이 훨씬 크기 때문이다.

스스로를 부정적으로 인식하고 최악의 상황만 예상하는 것이 기본적인 인간 뇌의 작동 방식이다. 우리는 주로 걱정, 고통, 불안에 대해 생각하며 혹시 모를 위협에 대비하고자 한다. 좋아하고 행복을 느끼게 해주는 것에 대해서는 잘 떠올리지 못한다.

그럼에도 스스로에게 희망적인 말을 반복하고 밤낮으로 (심지어 자는 동안에도) 계속되는 내면의 대화를 긍정적인 방향으로 바꾸면 우리의 뇌는 변하기 시작한다. 컵에 남은 물을 보고도 "반밖에 안 남았네"가 아니라 "반이나 남았네"라고 말하게 된다. 뇌의 작동 방식을 바꾸어놓으면 인생을 사는 태도가 바뀌고 미래에 대한 믿음과 기대가 바뀐다.

성공의 가장 큰 장애물은 실패나 상실에 대한 두려움이다. 우리는 무엇을 시도했다가 직업을 잃을 것을, 돈을 쓰고 성과를 내지 못할 것을, 시간만 낭비할 것을, 주변 사람들의 사랑과 지지를 잃을 것을 걱정한다. 두려움이 모이면 "나는 할 수 없어. 나는 변할 수 없어. 불가능한 일이지. 지금까지 살아온 세월이 있는데, 사람은 바뀌지 않는다잖아? 쉽지 않을 거야"와 같은 부정적인 생각의 나선이 작동하고 학습된 무기력으로 이어진다. 두려움을 극복하기 위해서는 할 수 있다는 생각을 억지로라도 주입해야 한다. 할 수 없다고 생각하며 절망하고 화를 내는 대신 "나는 할 수 있어. 마음만 먹으면 무엇이든 해낼 수 있어. 냉정히 보면 그간 제대로 노력한 적이 없었던 것 같아. 이번에 최선을 다하면 분명 좋은 결과가 있을 거야"라고 생각해보라.

불우한 환경에서 성장해 미래를 비관적으로 바라보는 사람이라도 할 수 있다는 생각을 반복하면 뇌는 새롭게 프로그래밍된다. 긍정적인 생각은 크고 무거운 교각을 든든히 받쳐주는 기둥처럼 잠재의식을 든든히 받쳐주고 나도 모르는 사이 만들어지는 부정적인 생각까지 몰아낼 것이다.

모두가 안 된다고 할 때 되게 하는 마법

부모가 어린 자녀를 키울 때 가장 많이 하는 말은 "그만해", "그거 만지면 안 돼", "하지 마"라고 한다. 아이가 다치거나 위험에 처할까 봐 하는 말이지만, 주변 환경을 탐구하려는 호기심 강한 아이의 잠재의식에 "넌 너무 작고 나약해서 그런 것들은 할 수 없어"라는 메시지로 전달되곤 한다. 이런 말을 많이 듣고 자란 아이는 점차 새로운 것을 시도하고 탐험하려는 적극적이고 도전적인 성향을 잃어버리기도 한다.

나는 내 아들을 양육하면서 부정적인 말을 되도록 하지 않으려고 노력했다. 일례로 예전에 내가 회원으로 있던 한 컨트리클럽(전원 생활을 즐기려는 도시 사람을 위해 골프장, 수영장, 테니스장 따위의 시설을 교외에 갖춘 단체)에서 있었던 에피소드를 들려주고자 한다.

몇십 년 전 어느 날, 컨트리클럽에서 긴급한 연락이 왔다. 당시 열한 살이던 내 아들 데이비드가 친구와 놀다가 대형 사고를 쳤다고 했다. 아이들이 탈의실에 있던 샴푸를 가져와 야외 공용 수영장에 쏟아버린 것이다. 거품이 넘쳐흘렀고 수영장에 몸을 담그고 있던 사람들이 소리를 지르며 물에서 빠져나왔다고 했다. 소식을 들은 매니저가 달려와서 사태를 파악하고 경찰에 신고를 했고, 두 아이의 부모에게 전화를 걸었던 것이다. 급히 차를 몰아 그곳에 가보니 경찰차들이 먼저 와 있었다. 대규모 강도 사건도 아니고 단지 수영장에 샴푸 거품이 넘쳐흐른 사건으로 말이다. 아들 녀석과 친구는 잔뜩 겁에 질린 표정이었다. 나는 아이들을 안심시키고 현장을 둘러보던 경찰관에게 다가가 물었다.

"무슨 일입니까? 혹시 다친 사람이 있나요?"

"아니요, 그런 건 아닙니다. 심각한 일은 아닌데 어쨌든 신고가 들어와서 출동했습니다. 어릴 때 흔히 치는 사고지요. 아이들이 많이 놀란 것 같네요." 그가 답했다.

"그렇군요. 알겠습니다. 아이들이 실수를 했네요. 제가 대신 사과드립니다."

경찰의 말처럼 누가 봐도 심각한 사고는 아니었다. 나는 짧은 대화를 마치고 아들을 뒷자석에 앉히고 집으로 차를 몰았다. 집에 도착할 때까지 우리는 한마디도 하지 않았다. 아들은 겁에 질려 보였고, 안정이 필요한 듯했다. 집에 도착해서야 나는 아들과 눈을 맞추며 물었다.

"데이비드, 어떻게 된 거니?"

그러자 아들 녀석은 작게 말했다.

"그냥, 야외 풀장에 샴푸를 넣었어요."

"그랬구나, 괜찮아. 그럴 수 있지. 아빠가 어렸을 땐 더 심한 말썽도 부렸거든. 긴장해서 피곤하겠구나. 이제 잘 시간이네."

이틀 후, 컨트리클럽에서 전화가 오더니 나를 쫓아내겠다고 말했다. 내 아들이 저지른 일은 명확한 청소년 범죄로 클럽 측에 큰 손실을 일으켰기에 회원 자격을 취소한다는 것이었다. 나는 그저 알겠다고 답하곤 전화를 끊었다. 그리고 데이비드에게 가서 상황을 말해주었다.

"데이비드, 엊그제 있던 일 때문에 아빠가 컨트리클럽에서 쫓겨났어."

그러자 아이의 눈이 커졌다. 나는 곧이어 말했다.

"하지만 괜찮아, 전혀 걱정할 필요 없어. 그곳에 가지 못해도 아빠는 상관없단다."

그 순간 아들의 표정에 분명한 안도감이 드러났다. 아들은 자신이 안전하다는 것을 확실히 깨달은 듯했다. 시간이 흘러 아들은 성인이 되었다. 최근 그 일에 대해 다시 이야기를 나눌 기회가 있었는데 데이비드는 또렷이 기억하고 있었다.

"그 컨트리클럽 사건이요? 당연히 기억나지요. 아버지가 저를 데리러 오셨잖아요. 집에 가는 길에 한마디도 하지 않으셔서 조금 무서웠지만, 아버지가 입을 뗀 순간 분명히 알았어요. 아버지가 100퍼센트 제 편이라는 걸요. 어린 마음에도 아버지께 얼마나 고마웠는지 몰라요."

긍정적인 말은 우리가 타인에게 베풀 수 있는 가장 멋진 선물이다. 어려운 일도 아니고 효과는 확실한데 왜 하지 않는가? 타인에게 하는 긍정적인 말은 나에게도 긍정적인 효과를 가져다준다. 다른 사람의 자존감과 자신감을 높여주는 말을 건넬 때마다 나의 자존감과 자신감도 덩달아 올라간다. 감정은 전이되기 때문이다. 뿐만 아니라 스스로에게 하는 긍정적인 말은 데이비드가 그날 나를 확실한 자기 편이라고 느낀 것처럼, 스스로를 확실한 내 편이라고 느끼게 만들어줄 것이다.

무슨 일이 발생하기 전에 응급처치 교육을 미리 받고 숙지해야 사고에 대처할 수 있는 것처럼, 예상치 못한 좌절과 실패를 겪기 전에 회복탄력성을 미리 키워놓아야 한다. 이것은 "나는 할 수 있다. 나는 할 수 있다. 나는 분명히 할 수 있다"라는 마법의 문장을 반복적으로 말하는 것만으로 충분하다. 또한 당신 주변에 스스로의 능력을 의심하며 자괴하는 사람이 있다면 주어만 바꾸어 같은 말을 건네보라. 그 사람을 위해서가 아니라 바로 당신을 위해서다. 긍정의 힘은 돌고 돌아 당신에게 돌아올 것이다.

나는 호텔이나 음식점에서 직원이 성실히 일하는 모습이 보이면 가까이 다가가서 꼭 이렇게 말을 건넨다. "안녕하세요, 당신은 생각보다 큰 잠재력과 자질을 지니고 있어요. 분명 크게 성공하실 겁니다." 물론 그들을 다시 만날 일이 없을지도 모른다. 크게 성공할지도 확실하지 않다. 하지만 나의 한마디가 그들에게 힘이 되어줄 것이라고는 믿어 의심치 않는다.

일이나 강연으로 돌아다니다 보면 사람들이 내게 말을 걸 때가 있다. "기억 안 나시겠지만, 제가 감옥에 있을 때 선생님이 편지를 보내주셨습니다. 그 편지가 제 삶을 바꾸었어요", "캔자스시티에서 열렸던 강연에서 선생님을 처음 만났습니다. 그때 제 삶은 아주 밑바닥이었는데, 이제는 사업도 시작했고 좋은 집에서 가족과 행복하게 살고 있지요. 선생님이 제 삶을 완전히 바꾸어주셨습니다. 그때 주신 편지를 아직도 책상 한쪽에 두고 자주 꺼내 봅니다. 제게 그렇게 말해준 사람은 선생님이 처음이었습니다." 이런 말을 들을 때마다 긍정의 힘은 돌고 돈다는 것을 새삼 체감한다.

3단계 긍정 확언 훈련

긍정 확언을 잘하려면 평소 생각과 말하는 방법이 훈련되어 있어야 한다. 나폴레온 힐은 이를 '자기 암시Autosuggestion'라고 표현했다. 최근에는 '자기 조건화Autoconditioning'라고 표현되기도 하는데 말 그대로 자기 내부의 환경을 원하는 바를 이룰 수 있도록 만들어놓는 것을 뜻한다. 긍정 확언을 하는 방법은 3단계로 나눌 수 있다.

1단계 자기 암시: 이상화

이상화란 자기 자신을 미래에 투영해 삶이 모든 면에서 완벽한 모습을 그려보는 것이다. 만약 당신의 삶이 모든 부분에서 완벽하다면 어떤 모습일까? 당신은 어디에서 무엇을 하고 있으며, 어떤 감정을 느낄까? 무엇을 성취할까?

나는 전략적 계획 수립이 필요한 기업들을 대상으로 강연할 때 이상화 기법을 가르치고 연습시킨다. 모든 임직원에게 향후 5년 안에 회사가 완벽해진 모습을 상상해보라고 한다. 5년 후에

외부인들은 당신의 회사를 어떻게 묘사할까? 주요 잡지와 신문은 당신의 회사에 관해 어떤 내용의 기사를 실을까? 회사의 사정은 어떻게 변해 있을까? 대개 이런 대답이 나온다.

"우리 기업은 업계 최고의 회사입니다. 첨단 기술을 바탕으로 최고 품질의 제품과 훌륭한 고객 서비스를 제공하며 매년 안정적인 성장률을 보이지요. 경영자는 멋진 리더십을 발휘하며 직원들에게 최고의 교육을 제공합니다. 빼어난 인재들로만 구성된 우리 회사의 주가는 5년 전에 비해 두 배 이상 올랐습니다."

그러면 내가 묻는다.

"좋아요. 과연 5년 안에 그것을 모두 실현할 수 있을까요?"

사람들은 자신만만하게 답한다.

"그렇습니다. 1년 안에는 어렵겠지만 3~5년 안에는 분명 성취할 수 있습니다."

당시 그 기업의 매출은 2,000만 달러였다. 그리고 몇 년이 지나 기억이 흐릿해져갈 때쯤인 어느 날, 한 통의 전화를 받았다. 그 기업에서 교통편까지 모두 부담하며 나를 워싱턴 시내 리츠칼튼 호텔에서의 특별한 저녁식사에 초대하고 싶다고 했다.

"선생님이 꼭 와주시면 좋겠습니다. 우리 회사의 전략 계획 설립 5주년을 기념하는 자리거든요."

나는 기꺼이 초대에 응했다. 몹시 아름다운 행사였다. 음식 맛은 훌륭했고, 재즈 오케스트라가 잔잔한 라이브 공연을 이어갔다. 이윽고 성과 프레젠테이션 시간이 되었다. 발표자가 나와서 그해 매출이 1억 400만 달러라고 발표했다. 5년 전 교육 시간에서 세웠던 4,000만 달러라는 두 배의 목표를 크게 웃도는 수치였다. 그 기업은 무려 다섯 배 가까이 성장한 것이다! 발표자는 이런 성과를 낼 수 있었던 것이 이상화 기법 덕분이었다고 덧붙였고 나는 얼떨결에 박수갈채를 받았다.

이상화 기법은 비즈니스에만 적용되는 것이 아니다. 오히려 신입사원부터 임원까지 많은 사람들이 합심해야 하는 회사보다 당신의 인생에 적용하는 것이 훨씬 쉬울 수도 있다.

2단계 자기 암시: 시각화

시각화란 머릿속으로 성공적인 미래를 생생하게 그리는 것이다. 당신이 이상적으로 느끼는 모습을 확실한 그림으로 그리고 있어야 현실에서도 이루어낼 수 있다는 사실을 기억하라.

시각화 기법과 관련되어 기억나는 어느 중년 부부가 있다. 부부는 '인생 목표 달성하기'라는 제목의 내 강연에 청중으로 왔었다. 얼마 남지 않은 은퇴 이후를 행복하게 보낼 완벽한 집을 찾는다는 그들에게 나는 이렇게 조언했다.

"먼저 꿈꾸는 집의 이미지가 필요합니다. 집 사진이 실린 잡지 같은 걸 많이 보셔야 해요. 원하시는 집의 이미지가 아주 선명해야 하니까요."

그리고 2년 후, 그 중년 부부에게서 전화가 왔다. 몹시 즐거운 목소리였다.

"강연 이후에 도저히 믿어지지 않는 일이 일어났습니다. 선생님이 가르쳐준 시각화 기법을 실천했습니다. 주택을 소개하는 잡지를 구독했고 거기에 나오는 것들 중에 예쁜 방과 정원 사진을 잘라 우리가 꿈꾸는 완벽한 집을 만들었지요. 그 사진들을 모아 커다란 파일로 만들어 종종 들추어보며 그 집에 사는 상상을 열심히 했습니다. 때마침 남편이 서부로 직장을 옮기게 되었어요.”

캐나다 앨버타주의 에드먼턴으로 이사하게 되었다는 것이다. 이사를 하려면 자연스레 집을 구해야 했다. 남편이 먼저 에드먼턴에 도착해 호텔에 머무르며 집을 알아보았다고 한다. 부동산 중개인들에게 전화를 걸어 원하는 집의 특징을 구체적으로 이야기했다. 어떤 전망을 원하는지, 방은 몇 개였으면 하는지 말이다. 그의 말을 듣던 중개인은 이렇게 말했다.

“저는 이 지역에 나온 매물을 전부 알고 있습니다. 아쉽게도 오늘의 매물 중에는 그런 집이 없지만 말씀하신 조건과 똑같은 집이 하나 있어요. 아마 내일 매물로 올라올 겁니다.”

다음 날 아내까지 에드먼턴으로 부랴부랴 넘어와 함께 집을 보러 갔다. 놀랍게도 중개인이 말한 집은 그들 부부가 그려온 완벽한 집과 유사했다. 지난 2년간 꿈꾸고 상상해온 그 집이 눈앞에 나타났던 것이다. 가격도 알맞고 위치도 딱 좋았다. 부부는 그 자리에서 집을 계약했고 아직까지 그 집에서 행복하게 살고 있다고 했다.

“정말 꿈 같았어요. 우리가 꿈꾸어온 그 집이었으니까요.”

부부가 꿈꾸던 집을 가질 수 있게 된 이유는 무엇일까? 나는 생생함과 반복성에 있다고 본다. 내가 제안했던 것처럼 원하는 집의 이미지를 손에 잡힐 듯 생생하게 그려냈고 자주 들추어보며 강화했던 것이다. 시각화의 기법을 이용할 때 유의해야 할 점이 몇 가지 있다. 다음의 사항을 유념하며 미래를 그려보라.

- 명확성: 되고 싶은 사람, 갖고 싶은 물건 등의 이미지가 구체적일수록 더 빨리 현실로 다가온다. 명확함과 실현은 거의 일대일 대응 관계다.
- 실감성: 당신이 그리는 이미지는 얼마나 생생한가? 다시 말해 현실적으로 불가능한 허황된 상상이 아닌 현실에 발을 디딘 이미지여야 한다.
- 강도: 목표를 달성하는 것에 대해 얼마나 강한 의지가 있는가? 생각하기만 해도 가슴이 뛰고 흥분되는 목표일수록 달성 가능성이 높다.
- 지속 시간: 주의가 흐트러지지 않은 상태에서 원하는 것의 이미지를 얼마나 오랫동안 떠올릴 수 있는가?
- 반복: 하루에도 여러 번, 반복적으로 그 이미지를 떠올려야 한다.

3단계 자기 암시: 언어화

완벽한 모습을 떠올리고 생생하게 그렸다면 긍정 확언의 마지막 단계인 언어화 기법을 쓸 차례다. 즉, 말로 표현하는 것이다. 예를 들어 이렇게 말할 수 있다.

"나는 멀리 강이 내다보이는 50평짜리 고급 주택에 산다. 학군도 좋은 동네라 내 아이들은 좋은 학교에 다닌다."

아주 좋은 문장이다. 조금 길지만 명확하고 현실감 있는 이미지가 생겼다. 이렇게 구체적으로 표현하지 않으면 꼭 맞는 집을 찾기 어렵다. 전망이 좋지 않을 수도 있고, 동네가 좋지 않을 수도 있으며, 집이 너무 작거나 관리하기 어려울 정도로 클 수도 있다.

마치 비옥한 토양에 씨앗을 심는 마음으로 씨앗을 고르고, 물을 주고, 잡초를 뽑고 가지를 치며 정확히 원하는 단 하나를 찾아가라. 목표라는 씨앗을 키우다 보면 스스로 끊임없이 질문을 던지게 될 것이다. 물론 "어떻게 하는 게 좋을까?", "어떻게 해결할 수 있을까?"와 같은 효율적이고 실용적인 질문도 있다. 그러나 부정적인 질문이 더 많다. "왜 나한테는 이런 일만 일어나는 거지?", "나는 왜 항상 일이 잘 안 풀릴까?", "왜 나는 필요한 것을 얻지 못할까?"와 같은 생각이 더 많이 떠오르는 것이 인지상정이다. 부정적인 생각은 정원에 심지 않아도 저절로 자라 성가신 잡초와 같다. 꽃과 채소가 자라는 밭의 잡초를 제거해야 하듯이, 긍정적인 생각이 자랄 수 있도록 부정적인 생각도 제거해야 한다.

나는 오랫동안 작은 단어장 크기의 카드에 긍정 확언을 적어왔다. "내 몸무게는 얼마이다", "나는 어떤 차를 운전한다", "나는 어떤 집에서 산다", "내 수입은 얼마다"와 같은 식으로 적은 카드 중 달성하지 못한 것은 하나도 없다. 나는 베스트셀러 작가가 되었고, 큰돈을 벌었으며, 좋은 집에서 가족들과 행복하게 살다가 때때로 세계를 자유롭게 여행한다. 모두 내가 적어놓고 반복적으로 꺼내 읽었던 것이다.

가장 강력한 확언은 글로 작성한 확언이다. 긍정 확언을 글로 쓰고 매일 다시 읽어보라. 그리고 그 내용을 반복적으로 곱씹어보라. 목표를 언어화하면 열댓 개의 목표라도 얼마든지 달성할 수 있다. 단, 당신이 꿈꾸는 이미지에 감정을 불어넣어야 한다. 그 목표를 달성하면 어떤 기분이 들지 생각해보는 것이다. 가장 먼저 행복감과 신남, 짜릿함을 느낄 것이다. 한편으로는 뿌듯하며 안심이 될 것이다. 목표와 감정을 합치면 강력해진다. 목표를 달성하기 위해 어떻게 할 것인지, 그 목표를 달성했을 때 어떤 감정이 들지 정확한 언어로 표현하다 보면 그 확언을 현실로 만드는 것은 어려운 일이 아닐 것이다.

남은 것은 실행과 실현뿐

긍정 확언을 습관으로 만드는 세 단계를 잘 따라왔다면 남은 것은 실행뿐이다. 긍정 확언의 힘이 아무리 위대해도 행동이 빠진 채 말만 반복한다면 실현 가능성은 제로에 가깝다. 목표가 보장된 것처럼 행동하라. 자신감 있게 하루하루를 시작하면서 머릿속에 떠오르고 눈앞에 분명히 그려지는 행동을 실행에 옮기라는 뜻이다. 행동하지 않고 달성할 수 있는 목표는 절대 없다. 매일 아침 일어나 출근하고 최선을 다해 일하며 목표가 나를 향해 성큼 다가오고 있음을 절대적으로 믿어야 한다.

실행하다 보면 당신의 목표는 딱 맞는 타이밍에 알맞은 방법으로 실현될 것이다. 너무 늦지도, 너무 이르지도 않게 나타날 것이다. 당신이 그 목표를 완벽히 달성할 준비가 된 그 순간 실현될 것이므로 인내심을 지니고 기다리면 된다. 램프의 요정 지니가 가장 좋은 타이밍에 그 목표를 대령하기로 약속했다고 생각하라. 이미 계좌에 큰 자산이 있는 사람처럼 여유를 가져도 좋다. 여유는 목표를 실현해주는 촉매제와 같다. 여유를 지니고 침착하게 행동할수록 목표를 더 빠르게 실현할 수 있다.

부정적인 생각이 떠오르면 질문하라

성공하고 여유가 있는 사람들은 스스로 무엇을 원하는지, 어떻게 그것을 얻을 수 있을지에 대해 골똘히 생각한다. 행동을 이끌어내는 동기부여에서 가장 중요한 질문은 "무엇을 원하는가"와 "그 목표에 가까워지기 위해 지금 할 수 있는 일이 무엇인가"다. 이 질문에 답하며 답안을 마련해놓았기에 행동에 여유가 생기는 것이다. 나폴레온 힐은 걱정을 잠재우는 진정한 치료법은 목표를 향한 지속적인 행동뿐이며, 끊임없이 움직이면 바빠서 부정적으로 생각하는 습관이 고쳐진다고 말했다. 미래를 걱정할 시간에 목표를 향해 나아가는 방법을 고민하고 실천해야 한다는 것이다.

"난 항상 실수만 해" 또는 "왜 자꾸 이런 실수를 저지르는 걸까?"라고 말하는 대신 이렇게 말하라. "앞으로 더 나은 성과를 내기 위해 이 경험에서 어떤 피드백을 얻을 수 있을까?" 우리의 마음은 하나의 생각만 담고 하나의 생각에만 집중할 수 있다. '어떻게'에 대한 질문을 던지고 배움에 집중하면 부정적인 생각이 들 리 없다. 긍정적인 교훈이나 피드백을 얻으려 노력하다 보면 결국 긍정적인 사람이 될 수밖에 없는 것이다.

어떤 좌절이나 어려움 속에서도 적어도 하나의 교훈은 찾을 수 있는 법이다. 지금은 백만장자로 보이는 부자들도 그렇게 되기까지 엄청나게 많은 실수를 했고, 모든 실수에서 끊임없이 배웠다. 성공하지 못한 이들은 실수를 남 탓으로 돌리지만 성공한 이들은 실수를 기회이자 선물로 여긴다. 성공으로 나아가는 가르침이 실수에 있다고 여기며 배울 점을 찾는 것이다.

얼 나이팅게일은 "준비되지 않았을 때 성공을 손에 넣으면 스스로 바보가 된 기분이 들 것이다. 쉽게 얻은 성공은 금방 잃게 된다"라고 말했다. 성공이 왔을 때 놓치지 않기 위해서는 모든 경험에서 배우고 준비해야 한다. 스스로 이렇게 물어라. "내가 무엇을 제대로 했는가?", "다르게 해야 했던 것은 무엇인가?" 자신의 행동을 긍정적인 방식으로 검토하면 여유가 생기고 성장에 가속도가 붙는다.

때로 실패의 경험이 아닌 다른 사람에게 무언가를 가르쳐주는 행위를 통해 그 분야에 대해 더 자세히 알게 되기도 한다. 내가 가르치는 것이 나 자신이 되기 때문이다. 만약 어떤 주제에 대해 자꾸만 말하고 전파하고 싶은 마음이 생긴다면 그 주제를 더 깊이 파고들고 싶어서일 가능성이 높다. 누군가를 가르치기 위해서는 그 주제를 깊이 연구하고 여러 측면에서 바라보아야 하는데, 이미 해당 주제를 통달한 사람이라면 배우고 싶은 욕구가 사그라들어 가르치고 싶은 마음도 사라진다.

나는 전 세계 유수의 기업을 대상으로 비즈니스 모델 혁신에 대해 가르친다. 실효적인 교육을 제공하기 위해 2년 동안 300여 시간을 관련 분야 공부에 쏟아부었다. 비즈니스 모델 혁신에 관한 온갖 베스트셀러와 논문을 읽었고, 메모를 잔뜩 하고 매일 복습하며 끊임없이 공부했다. 잘 가르치기 위해 직접 교재도 만들었다. 강연, 수업을 거듭하며 교재를 수정했고 그것을 토대로 다시 가르쳤다. 고객들에게 가르친 내용을 내 사업에 그대로 적용하기도 했다. 그 과정에서 나의 수입은 크게 늘었고, 삶의 만족도도 크게 올라갔다.

이를테면 몇 해 전에는 가속 학습Acelerated learning에 대한 동영상 강의를 출시했다. 가속 학습에는 이중평면 학습Dual-plane learning이라는 개념이 있는데 학습 자료를 읽고 공부하는 동시에 그 내용을 누군가에게 가르친다고 생각해보는 학습법이다. 이렇게 하면 배우는 입장과 가르치는 입장에서 이중으로 정보를 받아들이게 되므로 학습 후 기억하는 정보의 양이 2~3배 늘어난다고 한다. 한마디로 정보를 확실히 내재화할 확률이 더 높아진다. 나 역시 이 강의를 통해 배운다는 것의 의미를 확장시킬 수 있었다.

무언가를 배울 때 어떻게 가르칠 수 있을지, 누구에게 가르치는 것이 좋을지, 그 정보가 누구에게 가치가 있을지, 만약 내가 이 내용에 관한 기사를 쓴다면 어떻게 쓸지 한번 생각해보라. 배우고자 하는 주제에 이런 식으로 접근하면 훨씬 더 빠르게 학습할 수 있다.

긍정 확언의 힘

우울증과 알코올 중독, 그 외 부정적인 일탈 행위는 대부분 현실에 만족하지 못하는 사람들이 행하는 도피성 반응이다. 예를 들어 많은 돈을 벌고 큰 성공을 거머쥘 것이라 생각했지만 실패한 사람은 현실과 기대의 간극에 엄청난 스트레스를 받는다. 이로 인해 스스로 생을 마감하기도 한다. 실제로 미국에서 가장 자살률이 높은 집단은 50대 초중반 남성이다. 그 시점에 이르면 어느 정도 나이가 들어서인지 "나는 앞으로도 절대 성공하지 못하겠지"라고 비관하기까지 한다. 이루지 못한 꿈이 부담으로 다가오고, 앞으로도 이루지 못할 것이라는 생각이 들어 절망하는 것이다. 긍정 확언은 그런 순간에 필요하다. 자아이상과 자아상이 어긋나는 시점에 긍정 확언은 둘을 이어주는 다리가 된다. 한 소년의 이야기가 떠오른다. 어느 날 소년은 평균 정도의 성적을 받아 집에 돌아왔다. 성적표를 본 아버지는 화가 나서 아들을 크게 혼냈다.

"성적이 왜 이따위야? 고작 평균이라니, 도대체 뭐가 문제야? 너 바보 멍청이니?"

소년은 열심히 공부해 좋은 점수를 받기로 결심한다. 그날부터 친구들과 노는 시간도 줄이고 한 학기 내내 학교에서 돌아와 매일 4~5시간씩 공부를 했다. 그렇게 집중했던 소년은 학기 말 시험에서 여섯 과목 중 다섯 과목에서 최고 평점인 A를 받았고 나머지 한 과목만 B를 받았다. 소년은 기쁜 마음으로 성적표를 들고 돌아갔다. 아버지는 성적표를 힐끔 보더니 "왜 B를 받았니?"라고 물었다. 그 순간, 소년의 마음속에서 좋은 성적을 받고 싶다는 열망이 완전히 사라졌다. 아버지의 말 한마디가 소년의 동기를 무너뜨린 것이다.

내 아들이 컨트리클럽의 수영장에 샴푸를 넣어서 내가 회원에서 제명되었던 사건을 기억하는가? 그때 나는 아이에게 "괜찮아. 아빠는 어릴 때 더 큰 실수를 저질렀단다"라고 말해주었다. 그 나이에는 흔히 있는 일이라고 충분히 설명했다. 수십 년이 지난 지금도 아들은 그 일을 생생하게 기억한다. 우리 부부는 아이들이 문제를 일으킬 때마다 그런 식으로 반응했다. 아이들은 누구나 실수를 하거나 문제를 일으킬 수 있으니 그저 웃어넘기는 것. 그리고 아이에게 괜찮다고 말해주는 것 말이다.

긍정 확언에는 자신을 받아들이고 행동하게 하는 힘이 있다. "나는 과체중이다"라고 말하기보다 "나의 목표 체중은 얼마이고, 이 날짜까지 그 체중을 달성한다"라고 말하라. 바꿀 수 없는 과거는 잊고 미래를 생각하라. 과거에서 배울 점만 얻고 나머지는 잘 보내주면 된다. 과거에 얽매여 자신을 괴롭히기보다 밝고 아름다운 미래가 기다리고 있다고 스스로 긍정 확언을 반복하는 편이 당신을 성공과 가깝게 할 것이다.

나 자신의 첫 번째 후원자가 되라

긍정 확언을 반복하면 고난과 역경을 극복해낼 용기가 생긴
다. 타인과의 관계에서도 마찬가지다. 응원을 받고 싶다면 먼
저 타인을 응원해보라. 긍정의 힘이 돌고 돌아 당신에게 올
것이다.

내가 나의 편이 되어주는 긍정 확언을 하는 법

• 1단계 자기 암시: 이상화

나의 삶이 모든 면에서 완벽한 모습을 그려보라. 지금의 걸
림돌이 되는 환경은 모두 배제한 채 순수하게 마음이 원하
는 모습을 떠올려라.

• 2단계 자기 암시: 시각화

원하는 모습을 구체적이고 생생하게 이미지화하라. 현실
적이어야 하고, 명확해야 하며, 높은 강도로 지속적으로 떠
올릴 수 있어야 한다.

• 3단계 자기 암시: 언어화

이미지에 감정을 불어넣어 정확한 언어로 표현하라. 확언
은 글로 적었을 때 더 강력해진다.

<u>01</u> 올해 달성하고자 하는 목표는 무엇인가?

<u>02</u> 목표를 이상화하라. 진실로 원하는 것인지, 자신의 처지나 둘러싼 주변 환경으로 인해 어쩔 수 없이 정한 목표는 아닌지 검토하라. 당신이 꿈꾸는 가장 이상적인 목표로 수정하라.

<u>03</u> 목표를 시각화하라. 그 목표를 달성한 나의 모습을 써보라. 어떤 표정을 지으며 어떤 곳에 있는지 최대한 구체적으로 상상하라.

<u>04</u> 목표를 언어화하라. 목표를 달성했을 때 느낄 감정을 넣어 써보라. 앞서 배운 대로 주어는 나, 문장은 긍정문으로, 현재 시제로 작성하라.

7장

멀리 보아야

멀리 간다

"모든 일은 쉬워지기 전까지는 어렵다."

―토마스 풀러(영국의 종교인이자 역사학자)

"시간과 정성을 들이지 않고
얻을 수 있는 결실은 없다."

― 발타자르 그라시안(스페인의 철학자, 『사람을 얻는 지혜』 저자)

인간은 장기적인 미래와 결과에 대해 생각하기보다 당장 원하는 것을 얻을 수 있는 가장 빠르고 쉬운 지름길을 찾으려는 경향이 있다. 나는 이것을 '편의성 요인Expediency factor'이라 부르며 경계한다.

1950년대에 하버드대학교의 사회학자이자 정치학자였던 에드워드 밴필드Edward Banfield는 왜 어떤 사람들은 시간이 지남에 따라 더 큰 소득을 얻는지에 대해 연구했다. 그는 확실한 결과를 얻고자 국내외를 전방위적으로 연구했고, 그 결과 모든 사회경제적 수준에서 급속한 상향 이동을 가능하게 하는 지표는 오직 하나뿐이라는 것을 발견했다. 그것은 다름 아닌 '장기적 관점'이었다. 상향 이동에 성공한 사람들은 5년, 10년 심지어 20년 후의 미래를 내다보며 현재의 행동을 계획했다. 또한 『시대를 앞서는 미래경쟁전략』(21세기북스, 2011)이라는 책에는 "장기적 관점이 단기적 의사결정을 극적으로 향상시킨다"라는 주장이 담겨 있기도 하다.

1980년에는 자수성가한 백만장자가 100만 명 정도 있었는데 2016년에는 1,000만 명에 이르렀고 여전히 해마다 수십만 명씩 증가하고 있다. 이유가 무엇일까? 나는 오랜 시간 고민하고 연구한 끝에 장기적 관점으로 시간의 힘을 활용한 이들의 성과가 드러나고 있는 것이라는 결론을 내렸다. 부자가 되는 가장 근본적인 방법은 열심히 일해 번 돈을 저축하거나 투자해 이자를 불리는 것이다. 만약 20대에 주당 25달러, 월 100달러를 뮤추얼 펀드(미국 투자 신탁의 주류를 이루는 개방형 펀드)에 투자해 자연스럽게 불어나게 둔다면, 45년 후 은퇴할 때쯤에는 이자만으로도 백만장자가 될 수 있다.

나는 은퇴 전에 이미 백만장자가 된 농부, 중장비 기사, 건물 수위, 택시 기사 등을 수없이 많이 보았다. 그들에게는 한 가지 공통된 특징이 있었다. 주변 사람들은 순간의 행복을 누리느라 번 돈을 다 쓰고 빚까지 냈지만, 그들은 늘 허리띠를 졸라매고 아끼며 수입의 10~20퍼센트를 저축했다. 외식을 줄이고 필요한 물건이 있다면 할인점에 가서 구매하는 등 항상 절약할 방법을 찾았다. 누군가는 그렇게까지 해야 하냐며 조롱했지만 흔들리지 않았다. 그렇게 아낀 돈은 그대로 저축하고 절대 건드리지 않았다.

장기적 관점은 성공에 반드시 필요하다. 미국 전역의 모든 사람이 똑같이 높은 연봉을 받는다 해도, 장기적인 관점이 없는 사람이라면 번 돈을 모두 날릴 확률이 높다. 80/20 법칙을 기억하는가? 상위 20퍼센트가 80퍼센트의 부를 차지한다. 만약 모든 돈을 몰수해 모두에게 똑같이 나누어도 1년 안에 상위 20퍼센트가 전체 부의 80퍼센트를 독식하는 현상이 일어날 것이다. 그들은 현재에 만족하지 않고 거시적 관점으로 항상 저축이든 투자든 미래를 창조하는 방법을 찾기 때문이다. 상위 20퍼센트는 매일 매 순간 스스로에게 이렇게 묻는다. "지금 내가 하는 이 일은 가장 중요한 목표로 나아가기 위해 꼭 해야 하는 일인가?" 반면 하위 80퍼센트는 그저 현재의 즐거움을 만끽하는 데 골몰하고 돈을 쥐도 새도 모르게 써버린다.

마시멜로 실험과 만족 지연

누구나 마시멜로 실험에 대해 들어보았을 것이다. 마시멜로 실험은 스탠퍼드대학교에서 시행되어 전 세계적으로 널리 알려진 연구다. 당시 지연된 만족감과 자기 조절에 대해 연구하던 심리학과 교수 월터 미쉘Walter Mischel은 4~6세 아이들을 한곳에 모아놓고, 테이블 위에 인당 한 개씩 마시멜로를 올려놓고 이렇게 말했다.

"여기 마시멜로가 보이지? 15분 동안 마시멜로를 먹지 않고 기다리면 나중에 두 개를 받을 수 있단다."

그 후 바깥으로 나가 아이들을 지켜보았다. 어떤 아이들은 가만히 앉아 마시멜로를 뚫어지게 쳐다보았다. 일부 아이들은 마시멜로를 보지 않기 위해 손으로 눈을 가리기도 했다. 마시멜로에 손을 대지 않으려고 팔짱을 끼고 두 손을 겨드랑이 밑에 숨기는 아이도 있었다. 반면 연구진이 나가자마자 마시멜로를 집어드는 아이도 있었다. 처음에는 조심스럽게 일부분만 뜯어먹고 내려놓더니 이내 전부 먹어 치웠다.

10년 후, 연구진은 후속 연구를 통해 마시멜로를 먹지 않고 참았던 아이들이 학창 시절 더 뛰어난 성적을 거두었다는 결과를 얻어냈다. 그들은 성인이 되어서도 뛰어난 성과를 냈다. 심지어 20년 후에는 눈에 띌 정도로 높은 소득 수준과 사회적 지위를 누리고 있었다. 반면 곧바로 마시멜로를 먹어버린 아이들은 성적도 좋지 않았고, 특별히 성공하지도 못했으며, 평범한 직장에서 상대적으로 낮은 급여를 받으며 일하고 있었다. 무엇이 이런 차이를 만들었을까?

우리가 음식을 욕심내어 먹는 이유는 선사시대로 거슬러 올라간다. 겨울철에 먹을 것이 부족하므로 겨울잠을 자는 곰처럼 미리 많이 먹어 살을 찌워두려는 본성에 근거하는 것이다. 심리적으로 불안정한 상태인 사람에게 음식을 주었을 때도 비슷한 모습을 볼 수 있다. 마음의 허기를 음식으로 채우려 하기 때문에 눈앞의 음식을 절제하지 못한다. 다이어트를 할 때 우리 몸이 작동하는 방식도 마찬가지다. 거의 굶다시피 식단을 조절하다가 다시 정상적으로 먹으면 체중이 크게 불어난다. 굶는 동안 우리 몸이 에너지를 얻지 못했기에 다시 굶주릴 상황에 대비해 에너지를 비축해야겠다고 판단하는 것이다.

즉, 만족 지연이 이루어지지 않는 이유는 장기적 관점이 부재하기 때문이다. 겨울에도 먹을 것이 많다면 음식을 욕심내지 않을 것이고, 미래에는 더 큰 행복이 기다리고 있다는 확신이 있다면 지금 당장의 쾌락에 빠지지 않고 더 좋은 미래를 위해 인내하고 노력할 것이다.

당신이 만족 지연을 배우지 못한 어린 시절을 보냈다고 해도 괜찮다. 어른이 되어서도 자기 규율Self-discipline을 통해 만족 지연을 연습할 수 있다. 자기 규율은 성공에 꼭 필요한 중요한 자질로 즉각적인 만족과 보상을 뒤로 미루고 주어진 과제를 먼저 완수하도록 스스로 단련하는 것이다. 자기 규율을 통해 성공한 경험이 쌓일수록 자신감은 높아진다. 나는 이 책을 읽는 당신이 자기 규율을 업무에 적용해볼 것을 권한다. 과제를 끝마치면 적절한 보상을 주는 방식으로 말이다. 특히 하기 싫은 일, 잘되지 않는 일일수록 보상의 효과는 크다.

세일즈 분야에서는 전화를 많이 걸수록 높은 판매고를 올린다. 하지만 거절에 대한 두려움이 세일즈맨들을 망설이게 하고 전화를 걸지 못하게 한다. 세일즈맨으로 일하던 내 친구는 이를 극복하고자 아주 간단한 습관을 만들었다. 출근길에 김이 모락모락 나는 커피를 사와서 책상 위에 올려놓고 판촉 전화를 걸기 전까지 마시지 않는 것이다. 아침마다 전화를 걸어 잠재 고객과 한 통의 통화를 마친 후, 그제서야 커피를 한 모금 마셨다.

커피는 점점 식어가므로 그는 가능한 한 빠르게 다음 전화를 걸었다. 고객이 제품에 관심이 있는지 없는지, 그 제품을 살 생각을 하는지보다 오직 커피가 식기 전에 한 모금 더 마시는 것에 집중하며 열정적으로 전화를 건 것이다. 고객과 통화할 때마다 커피를 한 모금씩 마셨고, 몇 번의 통화를 마칠 무렵 그의 커피잔은 거의 비어 있었다. 따뜻한 커피라는 보상에 초점을 옮겨 판촉 전화의 스트레스를 줄인 것이다.

그는 다른 아이디어도 생각해냈다. 매일 아침 출근길에 쿠키를 사와서 작은 조각으로 잘라놓는 것이다. 고객에게 전화할 때마다 스스로 보상하듯 쿠키를 한 조각씩 먹었다. 수족관의 사육사들이 돌고래를 훈련시키며 보상으로 신선한 물고기를 주는 것처럼 말이다.

주변 동료들은 그의 행동을 비웃거나 너무 유치하지 않냐며 비아냥거렸지만, 3개월이 채 지나지 않아 그는 회사에서 가장 많은 매출을 올린 세일즈맨이 되었다. 무려 신기록을 세우며 말이다. 보상이라는 접근법을 활용하면 실패에 대한 두려움과 긴장감을 크게 완화할 수 있다.

당신도 업무 수행에 따른 보상 체계를 만들 것을 권한다. 큰 과제를 작은 조각으로 나누어 하나를 끝낼 때마다 작은 보상을 주어라. 첫 번째 보상은 내 친구의 사례처럼 쿠키 조각이 될 수도 있겠다. 당신이 세일즈맨이라면 판촉 전화를 10통 걸고 나서 자리에서 일어나 기지개를 켜고 잠시 걷는 것이 어떤가? 20통을 걸고는 그날 처음으로 이메일에 접속해 새로운 소식을 확인하는 것도 좋다.

여기서 말이 나온 김에 이메일에 대해 이야기하고 넘어가려고 한다. 이메일을 확인하는 것은 메인 요리가 아니라 디저트 같은 업무다. 아침에 출근해 이메일을 가장 먼저 확인하는 것은 레스토랑에 도착해 테이블에 앉자마자 애플파이에 아이스크림을 곁들인 달콤한 디저트를 먹는 것과 같다. 그렇게 하고 나면 과연 메인 메뉴를 위한 입맛이 남아 있을까?

이메일은 카지노의 슬롯머신과 비슷하다. 슬롯머신의 레버를 당기면 화면의 그림이 돌아간다. 무슨 일이 일어날지 예측할 수 없다. 돈을 따기만 기다리며 온 신경이 그쪽으로 쏠린다. 반짝이는 보석에 관심을 빼앗기는 것과 비슷하다. 이메일도 알림이 울리는 순간, 즉시 하던 일을 멈추고 그쪽을 보게 된다. 무엇이 기다리고 있을지 궁금해지기 때문이다.

대부분의 직장에서 이메일 확인과 회신은 가장 사소한 일이다. 하루를 이메일 답장으로 시작한다면 그날은 통으로 낭비하는 것과 같다. 회신을 보내고 새로 들어온 이메일을 확인하다 보면 집중력이 흐트러지기 마련이다. 그렇게 오전을 낭비하며 할 일은 시작조차 못하기도 한다. 이메일을 확인하는 시간은 당신에게 보상 같은 시간이어야 한다.

장기적 목표가 없을 때 생기는 일

동의하지 않을 수도 있겠지만 오늘날 대부분 직장인의 업무시간 중 평균 50퍼센트는 낭비되고 있다. 무려 회사에 있는 시간 중 절반을 낭비한다는 뜻이다. 평균을 넘기는 사람도 많다. 직장인들을 붙잡고 회사에서 시간을 어떻게 쓰고 있는지 물으면 대부분은 이렇게 답한다. "출근해서 퇴근할 때까지 바쁘게 일하지요." 그렇지만 카메라를 설치해 관찰해 보면 전혀 다른 모습이 보인다.

대다수의 사람들은 출근하자마자 가장 먼저 동료들과 수다를 떤다. 어제도 보고 내일도 볼 사람인데도 불구하고 마치 6개월 만에 만난 사이처럼 끊임없이 인사를 늘어놓고 이 사람 저 사람 사이를 오가며 친목을 다진다. 메신저로 또는 라운지에 삼삼오오 모여서 출근길에 무슨 일이 있었는지, 어젯밤에 어떤 TV 프로그램을 보았는지, 새로 산 옷이 잘 어울린다는 등 온갖 수다를 떤다. 상사가 지나가면 그제서야 일을 좀 해야겠다고 생각하며 흩어진다.

냉정하게 말해서 회사의 출근시간은 오전 9시지만, 보통의 직장인들은 10시쯤부터 비로소 일에 집중한다. 그리고 11시 30분쯤 되면 점심시간을 앞두고 긴장이 풀리기 시작한다. 통상적으로 점심시간은 12시부터 1시간이지만 밥을 먹고 양치를 하거나 물을 뜨러 가는 등 왔다갔다하며 30분씩을 더 쓴다. 집중력이 흐트러져서 인터넷 서핑을 하며 시간을 보내다가 더 이상 시간을 허비하면 오늘 할 일을 끝내지 못할 수도 있겠다는 걸 깨닫고 2시부터 일에 집중한다. 그러나 그것도 잠시, 3시 30분쯤 되면 다시 긴장이 풀리고 퇴근을 기다린다.

로스앤젤레스의 러시아워는 3시 30분에 시작된다. 그 순간부터 주요 고속도로인 401번 도로는 주차장으로 변한다. 만약 3시 30분 이후에 이곳에 진입하면 몇 시간 동안 꼼짝없이 갇힐 것을 각오해야 한다. 그런데 이 시간대에 도로에 있는 사람들은 누구일까? 놀랍게도 5시나 되어야 퇴근하는 직장인들이다. 그들은 차가 막히기 전인 3시 30분에 도로에 진입해 교통 체증을 극복하고 서둘러 집에 가려고 한다. 아직 퇴근시간이 되지도 않았는데 말이다. 퇴근에 걸리는 시간까지 업무시간으로 여기는 것일까?

업무시간을 낭비하지 않고 효율적으로 잘 사용하느냐고 물으면 대부분의 직장인들은 매우 그렇다고 답한다. 하지만 그들의 모습을 녹화해 분초 단위로 보여주면 다들 충격을 받을 것이다. 대충 주어진 일만 하며 주변에서 들려오는 사소한 잡담에 하나하나 반응하면 업무 효율성이 떨어지고 시간을 낭비하게 된다. 시간을 낭비할수록 당신의 이상적인 미래와 꿈에서 멀어진다. 모두 장기적인 목표가 없어 벌어지는 일이다.

시간을 낭비하고 싶지 않다면 하루를 계획적이고 명확한 스케줄로 시작해야 한다. 단순히 그날의 업무 목표를 정해놓는 것만으로는 부족하다. 일정의 우선순위를 정하고 일할 때는 일만 해야 한다. 만약 누군가가 잠깐 휴게실이나 복도에 나가 이야기 나눌 시간 있냐고 말을 걸면 이렇게 답하라.

"그러고 싶은데 하던 일이 있어서. 급한 일 아니면 이것 먼저 마무리하고 얘기해도 될까?"

생산성을 두 배로 늘려주는 아주 쉽고 간단한 기술을 하나 가르쳐주겠다. 매일 해야 할 일 목록을 업무 A와 B로 분류하는 것이다. 업무 A는 목표에 다가가게 해주는 것들이다. 반면 업무 B는 목표와 하등 상관이 없고 오히려 멀어지게 하는 일이다. 여기에 이메일 확인이 들어간다.

뛰어난 성과를 얻기 위해서는 목표를 명확히 알고 하루 종일 업무 A에 집중해야 한다. 업무 B에 시간을 빼앗기면 안 된다. 당신의 하루에는 분명 하지 않아도 될 일이 있다. 그것을 덜어내는 것만으로도 생산성은 크게 높아질 것이고, 몸담은 분야에서 인정받으며 상위 10퍼센트로 올라갈 수 있다.

업무 A를 하던 도중에 업무 B가 끼어들었다면 가능한 한 빠르게 마무리한 뒤 "다시 일하자. 집중하면 효율 좋게 일할 수 있어"라고 마음을 다잡고 곧바로 하던 일로 돌아가라. 아침에 사무실에 도착하면 간단한 인사만 나누고 일을 시작하라. 고개를 숙이고 업무 시간 내내 일하라. 당신이 세운 그날의 일정을 모두 마쳤거나 목표를 달성했다면 사람들과 시시콜콜한 이야기를 나누어도 좋다.

당신이 가진 가장 강력한 도구는 장기적 목표다. 다시 말해 지금 하고 있는 행동의 결과를 하나로 모으는 목표다. "만약 이런 행동을 하면 어떤 결과가 발생할까?"라고 생각하며 지금의 행동을 통제할 수 있어야 한다. 성공한 사람들은 언제나 몇 수 앞을 내다본다는 사실을 기억하라.

장기적 목표를 세웠어도 때때로 시간을 쓸데없이 낭비하게 된다. 우리 일상에 파고든 휴대폰과 멀티태스킹이라는 신화 때문이다. 습관적으로 휴대폰을 들여다보는 사람이 점점 많아지고 있다. 끊임없이 울리는 각종 앱의 알람, 광고 문자부터 업무 관련 메시지까지 휴대폰을 쳐다볼 이유는 많다. 휴대폰이 만든 실시간 연결이 가능한 삶은 적당한 정도를 넘어 실시간 연결이 안 되면 이상한 삶으로 변질되었다.

우리의 주의를 빼앗는 또 다른 한 가지는 여러 일을 동시에 처리하려 하는 멀티태스킹이다. 온갖 책과 뉴스 기사들이 멀티태스킹의 신화를 만들어냈다. 멀티태스킹을 할 때 여러 일을 다 처리해내는 것처럼 보이지만 실상은 이 업무에서 저 업무로 옮겨가는 것일 뿐이다. 이를테면 하나의 일에 집중하다가 이메일 알림이 오는 순간 그쪽으로 당신의 주의력이 옮겨간다. 이메일을 확인하고 이전에 하던 일로 돌아가 다시 몰입하는 데는 짧으면 7분, 길게는 17분이란 시간이 필요하다. 동시에 여러 일을 진행하기는 하지만 업무의 효율로 따졌을 때는 좋지 않은 결과를 내는 것이다.

끊임없이 주의를 산만하게 하는 환경에 맞서 꾸준히 장기적인 관점을 유지하기란 쉽지 않다. 때문에 하루를 시작할 때, 그날 해야 하는 모든 일의 목록을 먼저 만들어두는 습관이 필요하다. 목록 없이 하루를 시작했다가는 이런저런 일들이 당신의 주의력을 빼앗아갈 것이다. 더 나아가 해야 할 일 목록은 전날 밤에 미리 적어두는 것이 좋다. 내일의 계획을 세운 뒤 잠자리에 들고. 만약 아침에 새로운 일이 생기면 그 일을 시작하기 전에 목록에 채워넣어라. 다른 일과 비교해 긴급도를 파악해서 일을 하나 처리할 때마다 그날의 업무 목록을 확인하고 다음에 해야 할 일을 체크하면 계획대로 모든 일을 처리할 수 있다.

출근하자마자 90분 정도 집중하고 나면 잠시 휴식을 취해야 한다. 15분 정도 휴식 시간을 가져라. 자리에서 일어나 주변을 돌아다니기도 하고, 차나 커피를 마셔도 좋다. 스트레칭을 하며 다음에 해야 할 일을 떠올려보는 것도 좋은 방법이다. 이렇게 잠시 쉬고 다음 일을 시작하면 효율성을 최고조로 유지할 수 있다. 다시 90분간 집중해 일하라. 그러고 나면 이번에는 이메일을 확인하라. 중요한 일을 처리하며 메인 코스를 끝낸 것이나 마찬가지이니 디저트를 먹어도 되는 것이다. 이런 식으로 매일 오전에 방해물 없이 90분씩 두 번 집중해서 일할 수 있다면 당신의 생산성은 2~4배 가까이 늘어날 것이다. 점점 더 큰 성과를 내게 되고 해당 분야에서 누구나 믿고 인정하며 중요한 일을 맡기는 사람이 된다고 장담할 수 있다.

매일 성실하지 않으면 멀리 볼 수 없다

장기적 관점은 어떻게 내재화할 수 있을까? 내가 경험한 일화로 설명하고자 한다. 몇십 년 전, 경제적으로 자리를 잡기 전에 나는 성공을 꿈꾸며 하루하루 고군분투하고 있었다. 괜찮은 부동산 개발 건을 봐두었고 계약만 하면 되는 상태였는데 돈이 전혀 없었다. 그래서 부동산 개발 회사들을 직접 방문해 내가 기획한 계약 건을 제시했다. 많은 회사에서 거절을 당한 끝에 마침내 관심을 보이는 업체를 하나 만났다. 그들은 내 제안을 듣고 호기심을 보였다.

"이 거래의 수익성을 증빙할 만한 자료가 준비되어 있나요? 그렇다면 함께 진행해봅시다."

이미 나는 부동산 개발에 관한 책을 많이 읽은 터였다. 계획서와 자료를 작성하는 법도 정확하게 알고 있었다. 나는 많은 시간을 투자해 사업계획서를 꼼꼼히 작성했다. 해당 부동산의 세입자들에게 동의서도 받았다. 건설 회사로부터 비용 분석서도 받았다. 계획서에는 비용과 수입원을 낱낱이 기재했다. 자신 있게 사업계획서를 제출했다. 회의가 끝나고 모든 것을 확인해본 개발사 담당자들이 말했다.

"이렇게 완벽하게 작성된 사업계획서는 처음 봅니다. 훌륭하네요. 진행해보도록 하지요. 이 부동산을 개발하는 비용은 우리 회사에서 100퍼센트 부담하되, 소유권은 75퍼센트를 가져가겠습니다. 일이 끝까지 잘 마무리되면, 지분의 25퍼센트는 당신에게 돌아갑니다."

얼마 후, 그 회사 사장이 나를 따로 불렀다. 매우 부유하고 평판 좋은 사업가였다. 그는 나를 반기며 이렇게 말했다.

"자네의 철저한 직업 의식이 아주 마음에 드네. 기한까지 계획서를 아주 꼼꼼히 작성해 보내왔더군. 혹시 내 개인 비서로 일할 생각은 없나?"

나는 그의 비서로 일하게 되었다. 그는 이따금 해야 할 일을 맡길 뿐이었다. 그전까지 개인 비서를 둔 적이 없어서인지 일을 많이 시키지도 않았다. 내가 무엇을 해야 하냐고 묻거나 일거리를 달라고 요청하면 그제서야 일을 지시하곤 했다. 나는 무슨 일이든 최대한 빠르게 처리하고 보고했다. 그는 내 보고를 들을 때마다 별 다른 말은 없었지만 고개를 끄덕이며 미소를 지었다. 그러고는 며칠 후에 다른 일거리를 주었다. 사실 그가 지시한 것들은 아주 사소한 일들이었다. 하지만 나는 무슨 일이든 꼼꼼히 처리하려 노력했다. 어느 날, 그가 나를 불러 말했다.

"자네는 정말 성실하고 부지런하네. 일을 진지하게 생각하는 태도가 느껴져. 사실 어제 지시한 일은 당장 시급한 건은 아니라 다음 주에 처리했어도 되었을 걸세. 어쨌든 자네의 태도를 칭찬하고 싶네."

그는 언제나 "이것 좀 보겠나?"라고 말하며 기회를 주었다. 2,500만 달러 규모의 수입 유통 회사가 세워질 부동산에서부터 주택, 산업 단지 등의 대규모 부동산 개발 건까지 시작은 항상 가벼웠다. 그렇지만 나는 제안에 진지하게 임했다. 자료를 꼼꼼히 확인했고 사업계획서를 치밀하게 작성했다.

얼마 뒤에는 "시내에 오피스 빌딩을 지을 계획인데 비용은 얼마인지, 임대료는 어떻게 책정하면 될지, 오피스 공간과 상업용 공간은 어떻게 배치하면 될지 한번 생각해 보겠나?"라고 구체적인 업무도 주어졌다. 그때도 나는 곧장 일에 착수해 하루

10~12시간씩 일했고, 업무시간에는 정말 업무에만 집중했다. 내가 할 수 있는 최고의 효율성을 내려 애썼다.

결국 사장이 은퇴할 무렵, 나는 부동산 개발사의 주요 부서 세 곳을 맡아 총 42명의 직원을 거느리고 있었다. 이전까지는 꿈꾸어본 적도 없는 어마어마한 액수의 돈을 벌었고, 기대했던 것보다 훨씬 더 많은 경험을 쌓을 수 있었다. 사장실 옆의 큰 사무실을 쓰며 누구보다도 뛰어난 인재로 인정받았다. 한동안 회사에 이런 말이 돌 정도였다.

"만약 한두 달 안에 처리하고 싶으면 누구한테 맡기든 상관없어. 그런데 지금 즉시 제대로 처리하고 싶다면 브라이언에게 맡기면 돼. 그는 아무리 바빠도 맡은 일을 훌륭하게 끝내."

그때는 단지 맡은 일에 최선을 다하고 성실하고자 했던 것 같다. 하지만 이것이 장기적인 관점을 발전시키는 가장 분명한 방법이었다. 돌아보니 내가 단기적 목표를 위해 일한 것이 아니라 나 자신과 내 능력을 장기적으로 성장시키기 위해 그렇게 열심히 일했다는 사실을 깨달은 것이다.

나를 이끌어준 사장이 은퇴하고 얼마 뒤 나는 그의 곁을 떠났지만 그 덕분에 내 커리어는 생각했던 것보다 10년은 빠르게 성장할 수 있었다. 좋은 멘토를 만나 잘 배운 덕택에 이후에는 1억 달러 규모의 거대한 부동산 개발 사업도 해낼 수 있었다.

다시 말해 장기적 관점을 지닌다는 것은 매일 오전에 90분씩 두 차례 집중해 일한다는 것으로 설명된다. 단기적으로 성실하지 않으면 절대 멀리 볼 수도 없는 것이다.

사분면 시간 관리법을 활용하라

매일을 관리하려면 시간을 관리할 수 있어야 한다. 이 장에서는 마지막으로 시간 관리법 중 하나인 시간 관리의 사분면을 알려 주고 끝마치고자 한다.

학창 시절 수학시간에 x축과 y축으로 나뉘는 사분면을 그렸던 것 기억나는가? 그와 마찬가지로 여기서는 긴급도와 중요도에 따라 선을 그을 것이다. x축이 긴급도, y축이 중요도다. 위쪽에 있을수록 중요한 일이며, 오른쪽에 있을수록 긴급한 일이다. 그러니까 1사분면은 중요하고 긴급한 일, 2사분면은 중요하지만 긴급하지 않은 일, 3사분면은 중요하지도 긴급하지도 않은 일, 4사분면은 중요하지 않지만 긴급한 일이다. 이제 당신의 투두리스트에 있는 모든 일을 1사분면부터 4사분면 중 한곳에 넣어보라.

1사분면은 즉시성의 사분면이다. 거의 항상 외부에 의해 정해진다. 지금 당장 해야만 하는 일들이 여기에 들어간다. 꼭 참석해야 하는 회의, 고객사에 걸어야 하는 전화 같은 것들 말이다. 1사분면에 속하는 일을 제때 제대로 처리하지 못하면 당신의 사업과 커리어는 무척 위험해질 것이다. 실적을 올리지 못하거나 심한 경우에는 직장을 잃을 수도 있다. 그러므로 여기에 속하는 일들부터 처리하라.

다음은 2사분면이다. 중요하지만 급하지 않은 일들이 속한다. 효과성의 사분면이라고 한다. 여기에는 당신의 인생에서 장기적이고 잠재적인 결과를 거두어주는 일들을 넣으면 된다. 업무 능력을 향상시켜줄 교육이나 강연 프로그램, 제안서나 보고서 작성 연습, 자기계발을 위한 독서 등을 뜻한다. 이런 일들은 지금 당장은 미루어도 되지만 머지않아 긴급해질 일들이다. 대학 생활에서 정확한 예시를 찾을 수 있다. 새 학기가 시작되면 첫 강의 때 교수들은 으레 이렇게 말한다.

"이번 학기 최종 성적의 50퍼센트는 기말 리포트로 결정됩니다. 반드시 제출기한을 엄수하세요. 마감일 아침 8시까지 리포트를 꼭 제출해야 합니다. 그렇지 않으면 이 과목의 점수 중 절반이 날아갑니다."

하지만 학생들 중 90퍼센트는 기말 리포트를 미리 작성하지 않는다. 아직 급하지 않다고 생각하기 때문이다. 물론 중요하다는 것은 안다. 해당 과목의 성적을 좌우하고, 심지어 한 학기의 전체 평점에 영향을 미친다는 걸 알면서도 마감일까지 시간이 남았으니 일단 미룬다.

그렇다면 학생들은 기말 리포트를 언제 작성할까? 다름 아닌 마감 직전 새벽이다. 이건 내 경험담이기도 하다. 나는 MBA 과정을 밟을 때, 리포트 제출일 전날 오후 5시에 집으로 뛰어들어가 주방 식탁에 앉아 리포트를 작성하곤 했다. 밤새 커피를 들이부으며 리포트를 쓰고 겨우 완성해 아침이 되어 급하게 담당 교수 연구실로 달려가 문 아래 좁은 틈으로 기말 리포트를 밀어 넣었다. 문앞에는 다른 학생들이 제출한 리포트가 수북이 쌓여 있었다. 다들 마감일 전날에 부랴부랴 작성해 당일 아침에 급히 제출한 것이다. 기말 리포트는 오랫동안 중요하지만 긴급하지 않은 일의 목록, 즉 2사분면에 있었다. 하지만 마감일이 다가올수록 무엇보다 긴급한 일이 되었다. 긴급하고 꼭 해야 하는 1사분면의 일을 모두 마무리한 뒤에는 2사분면의 일을 시작하라. 2사분면의 일은 당신에게 장기적인 성과를 가져다줄 것이다.

3사분면은 긴급하지도, 중요하지도 않은 일이 속한다. 낭비의 사분면이라고 부른다. 휴대폰으로 각종 SNS를 확인하며 가십거리 읽기, 광고성 이메일 훑어보기, 살 만한 물건 있나 쇼핑몰 들락거리기, 퇴근 후 저녁으로 무엇을 먹을지 고민하기 등이 여기에 속한다. 당신이 성공하고 싶다면 업무 중에는 3사분면에 속하는 일을 하지 않아야 한다. 이런 일들은 시간도 빼앗지만 집중력도 빼앗아 당신의 업무 생산성을 크게 떨어뜨린다.

4사분면은 긴급하지만 중요하지 않은 일의 목록으로, 착각의 사분면이라고 부른다. 내 자리로 찾아와 무언가를 묻거나 잡담을 나누고 싶어 하는 동료, 즉각적인 답을 요구하는 업무 메일, 점심 메뉴 정하기 등이 여기에 속한다. 이런 것들은 눈앞에 닥친 일이라 긴급해 보이지만 결코 중요하지는 않다. 다만 중요한 일로 착각하기 쉽다. 이를테면 사무실에서 동료들과 대화를 나누다 보면 이런 착각을 하게 된다. "나는 지금 일을 하고 있어. 동료들과 수다를 떨고 상사의 비위를 맞추어주는 것도 중요한 업무의 일부분이지. 회사 생활을 잘하려고 하는 일이니까. 사람들과 잘 지내야 일도 잘하는 거야."

내 말의 요지는 동료들과 웃으며 대화하지 말라는 것이 아니다. 함께 업무를 완수하기 위해 협업할 때에는 필요한 대화를 나누어야 한다. 분위기를 풀어주는 편안한 농담을 하고 잠시 웃는 것도 좋다. 하지만 중요한 업무 사이에 사적인 수다가 끼어들지 않도록 주의하라. 착각의 사분면에 속한 일들은 쓸모없는 시간 낭비이면서도 일을 하고 있다고 착각하게 만들기에 위험하다.

당신이 해야 하는 모든 일을 사분면 안에 분류해 넣어라. 그리고 모든 시간을 1사분면과 2사분면에 투자해야 한다. 중요하고 긴급한 1사분면의 일들을 가능한 한 빨리 끝내고 2사분면에서 보내는 시간을 점점 늘려라. 장기적인 관점을 키워주는 일은 모두 2사분면에 있다. 2사분면에 속한 일들이 당신의 생활과 사업, 성장에 큰 변화를 불러올 것이다.

시간 관리 사분면을 작성하며 스스로 이렇게 물어보자. "수입, 승진 속도, 회사의 인정과 직결되는 가장 크고 중요한 목표가 무엇일까? 어떤 성과를 내야 할까?" 물론 이는 커리어뿐만 아니라 건강이나 개인적인 행복에도 적용할 수 있다. 그리고 다시 묻는 것이다. "그 목표를 달성하기 위해 지금 당장 할 수 있는 일이 있을까? 무엇부터 시작하는 게 좋을까?" 이때 떠오른 답이 당신이 가장 먼저 시작해야 할 일이다.

멀리 보아야 멀리 간다

장기 목표를 설정하는 것은 너무 멀게 보일지라도 당장의 시간 관리에 큰 도움이 된다. 일할 때 멀티태스킹은 가급적 하지 말라. 지금 하는 일에 주의를 기울여 가능한 한 완벽하고 빠르게 끝내라.

장기적 관점을 키워주는 시간 관리의 사분면

1 즉시성의 사분면: 지금 처리해야 할 긴급하고 중요한 일
   (ex. 꼭 참석해야 하는 회의, 당장 회신해야 하는 전화)
2 효과성의 사분면: 긴급하지 않지만 중요한 일
   (ex. 업무 능력 개발을 위한 교육이나 강연 듣기, 보고서 작성 연습)
3 낭비의 사분면: 긴급하지도 중요하지도 않은 일
   (ex. SNS 들락거리며 가십 읽기, 광고성 이메일 훑어보기)
4 착각의 사분면: 긴급하지만 중요하지 않은 일
   (ex. 자리로 찾아온 동료와 수다 떨기, 추후 회신해야 할 이메일)

오늘 해야 할 리스트(최소 10개)

-
-
-
-
-

시간 관리의 사분면 활용하기

위에서 작성한 일들을 사분면에 채워보라. 평소 어떤 일에 시간을 많이 쓰고 있는지 판단할 수 있다. 점진적으로 효과성의 사분면에 투자하는 시간을 늘려야 한다.

```
중요도 ↑
       │  효과성의 사분면          즉시성의 사분면
       │
       │ - - - - - - - - - - - - - - - - - - - - - -
       │
       │  낭비의 사분면            착각의 사분면
       │
       └──────────────────────────────────→ 긴급도
```

8장

실패하지 않는 것이
가장 큰 실패다

"역경은 당신이 생각할 수 없던 것을
생각할 용기를 준다."

— 앤디 그로브(前 인텔 CEO)

"성공이란 열정을 잃지 않고
실패를 거듭할 수 있는 능력이다."

— 윈스턴 처칠(前 영국 총리)

전 세계 엘리트들이 모여 공부하는 하버드대학교나 스탠퍼드대학교 등 미국의 명문 대학교에서 입학 면접을 볼 때 꼭 묻는 질문이 있다. "무언가 실패한 경험이 있습니까?" 실수와 패배, 좌절과 시련이 더 큰 목표를 성취하기 위한 밑바탕이 되어준다는 사실을 알기 때문이다. 하버드대학교 경영학과 로사베스 모스 캔터Rosabeth Moss Kanter 교수는 "승자와 패자의 차이는 어떻게 패배를 받아들이느냐에 있다"라고 말하기도 했다. 실패의 경험으로부터 학습하는 자세를 강조한 말이다.

나 역시 강연에서 '사전 프로그래밍Preprogramming'이라는 개념을 강조한다. 원치 않던 상황을 마주했을 때 당황하지 않고 대응할 수 있도록 미리 시뮬레이션을 돌려보고 잠재의식에 기록해두는 일을 뜻한다. 살면서 실수, 실패, 장애물, 좌절감, 실망감을 피할 수는 없다. 그렇다고 실패하는 것이 무서워서 가만히 있는다면 그것보다 더 어리석은 일은 없을 것이다.

인간은 끊임없이 도전하는 동물이다. 의식적으로 이런 생각을 반복해야 한다. "살면서 온갖 문제와 어려움을 겪겠지만 그로 인해 쓰러지지는 않아. 나는 무슨 일이 있어도 다시 일어날 수 있어. 좀 더 준비해 다시 시도하거나, 다른 방법을 찾아낼 거야." 누구든 실패를 경험하는 순간 마치 명치를 세게 얻어맞거나 뒤통수라도 한 대 맞은 듯한 충격을 받는다. 잘되리라 생각했던 일이 잘 진행되지 않으면 실망을 넘어 절망한다. 기대감이 클수록 절망도 커진다. 당신은 그런 상태에 얼마나 오래 머무르는가? 금세 훌훌 털고 새로 도전하는가?

목표했던 일을 성취하지 못하고 기대와 현실이 정면으로 충돌한다면 누구나 자신감을 잃고 우울해지는 것이 당연하다. 그렇다 해도 평소 잠재의식에 사전 프로그래밍을 해두면 곧바로 회복할 수 있다. 어떤 문제가 생길지 미리 예측해 적절한 대비책을 생각해두면 실제로 문제가 발생했을 때 즉시 적용해 해결할 수 있다.

나는 기업 경영인들을 컨설팅할 때 시간과 비용의 법칙을 강조한다. 계획하는 모든 일에는 예상보다 두 배 더 많은 비용이 들고 세 배 더 오랜 시간이 걸린다는 점을 역설하는 것이다. 특히 사업을 처음 시작하는 사람이 손익분기점에 빠르게 도달하고자 할 때는 반드시 이 법칙이 적용된다. 성과를 창출하기 위해서는 항상 예상 비용보다 큰돈을, 예상 시간보다 오랜 시간을 투자해야 한다. 내가 이런 말을 하면 사람들은 처음엔 믿지 않는다. 자신의 사업은 예상대로 흘러가 계획에 딱 맞게 성공하리라 믿는다. 하지만 나중에는 모두 이렇게 말한다.

"처음 그 말을 들었을 때, 다른 모든 이에게 적용되어도 저에게는 해당하지 않는 이야기라고 느꼈습니다. 철저하게 준비했다고 생각했으니까요. 하지만 피해갈 수가 없더군요. 시간과 비용의 법칙은 사실이었어요."

모든 일은 당신이 생각한 것보다 더 많은 비용과 시간을 요구하므로 이것을 당신의 계산에 꼭 포함시켜야 한다. 미리 알고 있으면 기대한 대로 일이 풀리지 않아도 실망하거나 무너지지 않을 수 있다. 마음 한구석에 "이런 일이 있을 거라고 충분히 예상했지"라고 생각하라는 말이다. 그러면 예상대로 일이 풀리지 않아도 계속 해나갈 힘이 생긴다. 이것이 사전 프로그래밍의 핵심이다. 실패에 대비해 미리 사고방식을 프로그래밍하면 일이 잘못되어 넘어져도 절망하지 않고 다시 일어설 수 있다.

때로는 가장 큰 실패처럼 보이는 일에서 가장 큰 성공이 시작되기도 한다. 사업을 시작했다가 크게 망하고 파산했지만 그 경험에서 얻은 교훈으로 나중에 훨씬 큰 성공을 거두는 사람이 그 예다. 그들은 첫 사업을 접은 뒤 절망하기는커녕 가슴을 쓸어내리며 안도하기도 한다. 그리고 이렇게 생각한다. "첫 사업이 망해서 오히려 다행인지도 몰라. 업계 상황이 좋지 않았잖아? 그 일에 뛰어든 주변 지인들은 전부 모든 것을 잃었지. 나도 피해가 적지 않지만 그나마 짧은 시간 손해를 입고 빠져나와서 천만다행이야. 난 역시 운이 좋아."

실제로 하버드 경영대학원에서 24년간 스타트업을 비롯한 130여 개의 기업 사례를 연구한 토머스 아이젠만Thomas Eisenmann

교수는 창업가들에게는 공통적으로 겪는 위험 요인들이 있으며 이에 어떻게 대응하느냐에 따라 기업의 생사가 갈린다고 했다. 빠르게 실패하면 빠르게 배워 다시 시도할 수 있다는 것은 이미 역사를 통해 증명된 사실이다. 전구를 발명해낸 위인 에디슨은 실험과 연구를 끊임없이 반복하며 이렇게 말하지 않았는가. "나는 실패한 것이 아니다. 성공하지 못하는 방법을 또 하나 찾아낸 것이다."

첫술에 배부른 사람은 없다

스톡홀름에서 강연을 진행한 때였다. 강연이 끝날 무렵, 네 사람의 VIP 고객이 추가 비용을 지불하고 나를 식사 자리에 초대했다. 그들은 소프트웨어 엔지니어였는데 얼굴에 수심이 가득했다.

"프로그램 개발사를 비롯한 다양한 기업과 일해오셨지요? 저희는 선생님의 연륜과 조언이 절실합니다."

"무슨 일인가요?"

"저희는 얼마 전부터 소프트웨어 프로그램을 개발해 판매해왔는데, 이 비즈니스 모델이 더 이상 효과가 없는 것 같습니다. 판매량이 늘지 않아요. 그래서 프로그램을 판매하는 게 아니라 빌려주는 방식으로 비즈니스 모델을 바꾸었지요. 고객 입장에선 구매가보다 대여비가 더 적으니 초기 비용도 훨씬 줄어들 테고, 프로그램을 사용하다가 문제가 생기면 우리가 해결해주니 인기를 얻을 수 있으리라 생각했어요. 우리 입장에선 궁극적으로 수익성이 올라가고요."

이미 성공 사례가 나와 있는 현명한 아이디어였다.

"좋은 생각이네요. 그런데 문제가 무엇이지요?"

"상황이 생각했던 것보다 순조롭지 않습니다. 비즈니스 모델을 바꾼 뒤 매출은 오히려 떨어졌고, 세일즈팀의 반대도 심합니다. 고객들은 우리 제품을 빌려서 쓰는 것보다 사서 쓰는 데에 이미 익숙해져 있다는 거지요."

"그렇군요. 걱정 마세요. 피터 드러커는 새로운 수익 모델이 제대로 성과를 거두는 버전에 이르기까지 최소 네 번의 수정이 필요하다고 했습니다. 훨씬 더 많이 필요할 때도 있고요. 지금까지 한 번 수정하셨네요. 앞으로 몇 번 더 하면 평균 수준에 이르고, 사업도 잘 굴러갈 겁니다."

그러자 그들의 얼굴에 비로소 안도의 빛이 떠올랐다.

"그렇게 말씀해주셔서 정말 감사합니다. 우리는 새로운 비즈니스 모델을 잘 구축한다면 즉시 효과가 나타날 것이라고 생각했어요. 선생님의 말을 듣고 보니 성급했던 것 같습니다."

"사업은 요리 레시피를 연구하는 것과 비슷합니다. 아무리 일류 레스토랑의 셰프라 해도 처음 시도하는 메뉴는 그다지 훌륭하지 않습니다. 신메뉴를 출시하고 고객의 피드백을 바탕으로 식재료와 조리법을 끊임없이 수정하며 훌륭한 레시피를 만들어가는 겁니다."

처음부터 모든 것이 완벽하게 굴러갈 수는 없다. 어쩌면 그건 지나친 욕심이다. 세상에는 없는 게 없을 정도로 온갖 제품과 서비스가 넘쳐나고 지금 이 순간에도 무수히 많은 아이디어가 나오고 있기에 고객의 요구는 점점 더 정교해지기 때문이다.

한편 앞서 실패에 대처하는 사전 프로그래밍에 대해 이야기했는데, 그보다 선행하면 좋을 것은 '개념 증명POC, Proof of Concept'이다. 개념 증명이란 기존 시장에 없던 신기술이나 신제품을 도입하기 전에 이를 검증해보는 단계를 뜻한다. 특정 아이디어의 타당성을 먼저 확인하는 것이다. 아이디어가 떠오르면 일단 이렇게 생각해보라. "이 아이디어는 아직 아무런 가치가 없어. 누구나 떠올릴 법한 생각이지. 세상에는 이것과 비슷한 생각이 수백만 개는 더 될 거야. 이 아이디어가 실제로 고객의 수요가 있을지 검증해보는 게 필요해."

효과가 있을지 확인하는 방법은 간단하다. 당신이 떠올린 제품과 서비스를 소비할 실제 타깃 구매층에게 물어보는 것이다.

"이 서비스가 마음에 드십니까? 이런 제품이 출시되면 구매하시겠습니까? 경쟁사의 제품과 비교해 괜찮아 보이나요? 혹시 이 제품에 추가해야 할 기능이나 변화를 주어야 할 부분이 있을까요?"

잠재 고객에게 제품이나 서비스의 첫 버전을 제시하고 피드백을 받아 필요한 만큼 수정을 반복하는 것이다. 어떤 아이디어든 첫술에 배부를 수는 없다.

빠르게 실패할수록 빠르게 성공한다

내가 20대 초반 세일즈맨일 때 처음으로 이 집 저 집 문을 두드리며 판매하던 것은 저렴하고 소소한 상품이었다. 보너스 클럽의 회원권으로 고작 20달러에 불과했다. 다만 그 카드가 있으면 100곳 이상의 레스토랑에서 최대 20퍼센트까지 할인을 받을 수 있었다. 한 번 사용하는 것만으로도 본전을 뽑을 수 있으니 판매가 쉬워 보였다. 20달러만 내면 1년간 무제한으로 사용하며 수백 달러를 절약할 수 있으니 누구에게나 이득이라고 생각했다. 경험은 부족하고 패기는 넘치는 대부분의 젊은 세일즈맨이 그렇듯 나도 카드를 보여주며 설명하기만 하면 사람들이 앞다투어 가입할 것이라고 여겼다.

부푼 마음을 안고 집집마다 문을 두드리기 시작했는데 예상과 달리 모두로부터 거절을 당했다. 이유는 가지각색이었다. 다른 회원권이 있다, 지금은 실직 상태라 여윳돈이 없다, 그 카드와 제휴한 레스토랑들을 이용하지 않는다 등등. 판매 실적을 올리지 못해 절망하고 있을 때 누군가가 내게 이런 조언을 해주었다.

"아주 정상적인 일입니다. 세일즈를 처음 시작할 때는 거절당하는 것이 당연해요. 아니, 오히려 거절을 많이 당할수록 좋습니다. 세일즈는 성공 게임보다는 실패 게임이라는 것을 깨달아야 해요. 거절을 기본값으로 놓고 거절당할 확률을 줄여가는 것이지요. 그러니까 더 자주 실패하는 게 지금 당신이 해야 할 일입니다."

　조언을 듣고 나서부터는 심기일전해서 되도록 전화를 많이
걸었고, 집을 찾아다닐 때는 뛰어다녔다. 꼭 많이 거절당하기 위
해 달리는 선수처럼 매일 뛰었다. 여러 집을 돌며 수없이 거절
당했고, 중간중간 아주 드물게 성공하기도 했다. 계속 바쁘게 뛰
어다니다 보니 점점 판매 기술을 깨칠 수 있었고, 어느 날은 전
날에 비해 매출이 세 배로 뛰기도 했다. 세일즈가 많이 판매하
기 게임이 아니라 거절 확률 줄이기 게임이라는 것을 확실히 깨
달은 순간이었다. 그 후 나는 세일즈맨을 대상으로 하는 강연에
서 늘 이렇게 가르친다.

　"세일즈 커리어를 크게 성장시키고 싶거나 사무실에 활력을
불어넣고 싶다면 지금 제가 소개하는 게임을 해보세요. 저는 이
걸 '천하제일 전화 대회'라고 부릅니다. 매출을 올려야겠다는 생
각은 잠시 접어두고, 누가 가장 먼저 100건의 통화를 완료하는
지 시합을 하는 겁니다. 전화뿐만 아니라 직접 대면이나 방문
세일즈에도 적용할 수 있겠지요. 가장 먼저 전화를 100통 걸거
나 가장 빠르게 100곳의 집을 방문한 사람이 우승하는 게임입
니다. 우승자에게는 회사에서 포상을 주어야겠지요. 동네에서
가장 비싸고 맛있는 레스토랑 식사권은 어떤가요?"

　지치고 부담스러울 수 있는 세일즈 업무를 재미있는 게임으
로 바꾸는 것이다. 어차피 세일즈맨들은 매일 몇 통의 전화를
했는지 상사에게 보고한다. 매일 그날 저녁을 즐길 수 있는 고
급 레스토랑 식사권이라는 보상이 걸려 있으면 다들 더 열정적

으로 일할 것이다. 실제 판매로 이어지는지는 그다음 문제다. 그런데 단지 이렇게 전화를 많이 거는 것만으로도 놀랍게도 매출은 폭발한다.

한 텔레마케팅 회사를 컨설팅한 적이 있는데, 그 회사는 내가 말한 이 게임을 아예 회사 시스템으로 도입했다. 다만 약간 변형해서 단순히 통화 건수가 아니라 오전 내에 가장 먼저 10번 거절당한 사람에게 점심값을 지급하기로 한 것이다. 직원들은 매일 출근하자마자 자리에 앉아 전화기를 들고 경마장에 나란히 서서 출발 신호를 기다리는 말처럼 대기했다. 오전 8시 30분에 누군가가 "시작!"이라고 외치면 다들 일사불란하게 전화를 걸었다. 누군가가 10번을 채우고 벌떡 일어나 종을 울릴 때까지 말이다. 우승자가 정해진 뒤에는 이런 대화가 오간다.

"어떻게 됐어? 아직 10번 못 채운 거야?"

"어떤 고객이 제품을 사고 싶다고 하더라고. 주문이랑 결제 도와주느라 시간이 지체됐어."

"나도. 나는 두 개 팔았어. 10번 거절당할 수가 없더라고. 계속 사겠다는 사람들이 나와서."

많은 기업들이 이 방법을 업무에 적용하고 가장 먼저 놀라는 포인트는 매출이 아니라 회사의 분위기다. 세일즈가 고역스러운 업무가 아닌 흥미진진한 게임으로 바뀌고 직원들이 웃으며 일하기 때문이다. 모두가 긍정적인 태도로 밝게 웃으며 일하니 수화기 너머 고객들에게도 좋은 에너지가 자연스레 전해진다. 직원들은 고객이 제품을 사는지 여부보다 통화 건수를 채우겠다는 생각으로 신나게 전화를 거는데, 고객들은 어쩐지 끌림을 느끼고 제품에 대해 더 자세히 말해보라고 하는 식이다. 결국 이 게임이 실제 판매로 이어져 회사의 매출까지 크게 오르는 것은 두말할 나위가 없다.

놀랍게도 해당 텔레마케팅 회사 사장은 억만장자가 되어 50세의 이른 나이에 은퇴했다. 지금은 미국 서부의 휴양 도시 팜스프링스로 이사해 매일 골프를 치며 노후를 즐기고 있다. 직원들이 거절당할 것을 걱정하지 않고 게임처럼 세일즈를 즐기게 했던 것이 폭발적인 매출 성장의 비결이었다고 그는 회고한다.

절체절명의 순간에 필요한 태도

실패를 실패로만 받아들이면 시간 낭비에 불과한 자존심 상하는 경험이 되지만 실패를 배움의 기회로 포용한다면 성공을 향한 큰 도약인 '크런치 포인트Crunch Point'가 된다.

위기가 닥치거나 실패를 목전에 두고 있을 때면 당황해서 무엇부터 해야 할지 막막하고 머릿속이 하얘지는 경우가 대부분인데, 이럴 때 먼저 침착한 태도를 갖추어야 한다. 인간은 벼랑 끝에 몰렸을 때, 마지막 기회라고 생각했을 때, 자신의 기대와 판이하게 다를 때 사고가 정지되고 흥분한다. "실패하면 절대 안 돼"가 아니라 "실패해도 괜찮아"라는 생각이 있어야 침착할 수 있다. 나는 지금까지 큰 도전이나 위기를 맞이한 백만장자들과 오랫동안 일해왔다. 사업을 훌륭하게 경영하던 이들도 전혀 예상치 못한 상황이나 심각한 문제에 부딪히는 일이 다반사다. 그럴 때마다 그들은 아주 침착했다. 모두 실패를 통해 배운다는 것을 알고 있었기 때문이 아닐까?

인간은 뇌의 전두엽 피질인 신피질Neocortex을 통해 모든 사고 활동을 한다. 전두엽 피질은 평온한 상태에서 활성화되어 최고 한도로 기능한다. 반면 화가 나거나 감정적인 상태에서는 그 기능이 멈추는 특성이 있다. 마치 건물의 조명이 전부 꺼지는 것처럼 정지하는 것이다. 그렇게 되면 대뇌피질과 간뇌 사이에 위치한 변연계Limbic system가 활성화되어 투쟁-도피 반응이 우리를 지배하게 된다. 변연계는 감정, 기억, 동기부여 및 생리적 반응을 조절하는 뇌의 복합 네트워크로 그 구성요소 중 편도체는 두려움, 분노, 쾌락과 같은 감정을 처리한다. 편도체가 활성화되는 것을 막고 다시 전두엽 피질이 활성화되게 하려면 침착한 태도가 필수다. 호흡을 크게 들이마시고 마음이 안정되면 편도체를 쉬게 만들 수 있다.

그다음으로는 사실을 파악해야 한다. 남들에게 들은 대로만 믿어서는 상황을 직시할 수 없다. 남들은 큰일이라고 하지만 실제로는 생각보다 나쁘지 않은 상황일 수도 있고, 오히려 더 심각한 상황일 수도 있다. 따라서 이때 정보를 충분히 모으고 정확한 사실 여부를 직접 판단해야 한다. 스스로에게 질문하는 방법을 택해보라. 질문을 던지는 동시에 화를 내는 것은 불가능한 일이다. 질문을 던지는 행위만으로도 마음이 진정되고 전두엽이 활성화되어 상황을 명확히 볼 수 있으니 일석이조다. 올바른 질문이 주변 사람들에게까지 이어진다면 그들을 진정시키는 효과도 있다.

마지막으로 책임을 인정해야 한다. 일이 잘못되었을 때는 자기도 모르게 다른 사람이나 상황을 탓하는 마음이 들기 마련이다. 남의 탓으로 돌리는 순간 화가 날 것이고 이는 편도체의 활성화를 의미한다. 모든 부정적인 감정은 비난에서 시작된다. 타인을 향한 비난뿐만 아니라 자신을 향한 비난도 마찬가지다. 침착해지기 위해서는 그 누구의 탓도 하지 않고 겸허히 책임을 인정하고 받아들이는 것이 좋다. 나는 컨설팅사를 운영하는데 간혹 직원들이 내 사무실로 급히 달려와 이렇게 소리칠 때가 있다.

"사장님, 문제가 생겼습니다! 저번에 서명한 계약서에 모호한 조항이 있습니다. 상대 측에서 일부러 그렇게 작성한 것 같습니다!"

그러면 나는 이렇게 답한다.

"잠시만, 진정하세요. 이 계약의 담당자였지요? 당신이 충분히 해결할 수 있을 겁니다. 함께 확인해봅시다. 정확히 어떤 조항이 문제지요? 계약서를 썼던 날, 상황을 기억하나요?"

나는 직원들이 문제를 나에게 넘기지 않고 스스로 책임지도록 격려한다. 물론 내가 할 수 있는 선에서 최대한 도울 것이니 괜찮다는 어조로 말이다. 그러면 직원들은 침착하게 상황을 파악하고는 얼마 뒤 생각을 정리해 논리적인 해결책을 제시한다.

"그때 고객사에서 이 조항에 특이점이 있다는 걸 말해주었는데, 제가 다른 일로 정신이 없어 흘려들었던 것 같습니다. 죄송합니다. 제 책임이니 제가 직접 고객사에 다시 연락해 이 조항을 수정할 수 있는지 확인하겠습니다. 어떻게 생각하세요?"

그러면 나는 "아주 좋아요. 훌륭합니다"라고 대답하기만 하면 된다. 직원은 한결 차분해진 안색으로 일에 복귀한다.

일을 하다 보면 언제나 사소한 문제가 발생하기 마련이다. 나는 문제와 가장 가까운 사람이 최선의 해결책을 낼 수 있다고 믿기 때문에 늘 담당자를 전적으로 믿는다. 다만 더 좋은 해결책이 있을 때는 "예전에 저도 비슷한 문제를 겪은 적이 있는데요. 이런 방식으로 대응하는 건 어떨까요?"라며 넌지시 알려주기도 한다. 몇 번의 위기를 겪었지만 내가 침착하게 대처하는 모습을 보이니 직원들도 점차 큰 문제에도 차분히 대응하는 법을 배운 것 같다. 모두가 남을 탓하거나 화를 내지 않고 각자 위기 상황을 극복해나가고 있다.

가정, 경제, 건강에 적신호가 들어왔다면

인생은 모든 요소들이 맞물려 돌아간다. 성공하고 싶다고 일에만 관심을 쏟고 가정이나 건강을 소홀히 한다면 결국 일에도 큰 차질이 생긴다. 그래서 이번에는 인생의 또 다른 중요한 영역인 결혼 생활과 재산·건강 문제를 관리하는 법을 다루고자 한다. 먼저 결혼 생활의 문제는 대표적으로 혼인 관계가 끝나는 이혼을 들 수 있다. 사랑하는 사람과 행복한 미래를 그리며 결혼하지만 살다 보면 불화를 겪을 수도 있다. 이혼은 한 사람의 삶에서 아주 충격적인 사건이다. 우호적으로 관계를 잘 마무리할 수도 있지만 어떤 경우에는 길고 끔찍한 다툼으로 번질 수도 있기 때문이다.

시간이 흐르며 잘 맞던 사람들 사이의 관계가 삐그덕대는 것은 지극히 평범한 일이다. 어느 날은 비가 오고, 어느 날은 햇살이 쨍한 것처럼 사람들 사이의 갈등도 자연스럽게 벌어진다. 따라서 누구의 잘못이라고 일방적으로 비난하고 싸우는 것은 도움이 되지 않는다. 배우자와 갈등할 때 이렇게 생각해보라. "우리 사이에 갈등이 있군. 하지만 나는 저 사람을 싫어하지 않고, 저 사람도 마찬가지야. 서로 탓할 필요는 없어. 잘못한 게 아니라 다를 뿐이야. 살다 보면 다양한 문제로 관계가 멀어질 수도 있는 거지."

감정적으로 대응하지 않고 차분하게 생각하면 오해를 풀고 갈등을 해결할 수 있을지도 모른다. 해결할 수 없다면 잘 합의해 이혼하고 남은 삶은 다른 방식으로 살아가면 된다. 이혼 과정에 서로를 비난하고 무섭게 다투는 것은 아무런 도움이 되지 않는다. 있는 사실만 그대로 바라보면 된다.

살면서 겪을 수 있는 다른 충격적인 문제는 경제적 파산이다. 사실 성공한 이들은 대부분 파산했던 경험이 있다. 모든 백만장자는 여러 번 파산했거나 적어도 파산 직전까지 갔다고 해도 과언이 아니다. 헨리 포드는 자동차 산업을 일구어내기 전에 두 번이나 파산했다. 그러나 결코 포기하지 않았고, 60대 들어 비로소 세계에서 제일가는 부자가 되었다.

경제적으로 문제가 생기면 몹시 고통스럽고 막막하다. 아무리 어려운 상황에서도 인생은 길다는 사실과 평판이 몹시 중요하다는 사실을 기억하라. 특히 인간 관계를 어떻게 여기는지는 평판을 좌우하는 중요한 요소이므로 파산 상태에서도 주변 모든 사람에게 최선을 다하는 모습을 잃지 않아야 한다. 가진 돈을 모두 잃었다고 동업자나 투자자에게 화를 내거나 한탄하지 말라.

파산에도 여러 이유가 있다. 경험이 부족한 상태에서 사업을 시작했을 수도 있고, 비즈니스의 문제가 아니라 시장 상황이 갑자기 안 좋아졌을 수도 있다. 어찌 되었든 파산을 했다면 받아들이고 접어야 한다. 이때도 어떤 태도로 임하는지가 중요하다. 파산이라는 극단적인 상황에서도 배울 점을 찾을 수 있다. 내 친구 중 하나는 20대 중반에 사업을 시작해 열심히 일했다. 집에도 거의 가지 못하고 하루에 16시간 이상을 회사에서 보냈다. 그렇게 2~3년 정도 지났을까. 불경기가 오자 그의 회사는 결국 문을 닫았다. 그는 돈이 부족해 살던 집을 팔고 본가로 들어갔지만 거기에서 주저앉지 않고 반년 가까이 실패를 곱씹으며 끝까지 배울 점을 찾아냈다. 노트를 펴고 사업 경험, 고객사, 파트너, 마케팅, 금전 감각, 대금 처리, 신용 등에 대해 얻은 교훈을 꼼꼼히 기록한 것이다. 이를 바탕으로 얼마 뒤 새로운 사업을 시작할 수 있었고, 몇 년 뒤에 결국 수백만 달러 자산가가 되었다.

파산뿐만 아니라 직장을 잃는 것도 살면서 겪는 큰 시련이다.

직장을 잃었다고 스스로의 능력을 부정하고 절망할 필요는 없다. 어쩌면 당신은 어울리지 않는 회사에 억지로 끼워맞추고 있었던 것일지도 모른다. 이렇게 생각해보면 어떨까? 직장을 잃음으로써 다른 일을 시작할 기회를 얻었다고 말이다. 피터 드러커는 회사가 무능한 직원을 그냥 품고 가는 것처럼 잔인한 일은 없다고 했다. 한 회사에서 업무를 잘 수행하지 못하던 직원이 다른 회사로 옮겨서는 실력을 뽐내며 날아다니는 경우도 있다. 더 잘 맞는 직장을 찾을 수 있도록 돕는 것은 좋은 리더의 자질이기도 하다. 대개 회사 관리자들은 무능한 직원이라도 계속 데리고 있는 것이 온정을 베푸는 일이라고 생각하는데, 전혀 아니다. 그것은 연민보다 오히려 비겁한 행동에 가깝다. 잘 맞지도 않는 일을 하면서 시간을 낭비하도록 방치하는 일이다. 축구 경기에서 경기력이 좋지 않은 선수들이 시즌 내내 벤치 신세만 지다가 페이스를 잃는 경우가 있는데, 정확히 같은 상황이다.

살다가 겪게 되는 또 하나의 어려움은 질병이다. 어느 날 갑자기 암이나 심장 질환 같은 병을 진단받으면 세상이 끝난 것 같은 기분을 느낀다. 내게도 그런 경험이 있다. 2010년 겨울, 오랫동안 감기 증상이 사라지지 않아 이비인후과를 방문했다. 항생제를 처방받으면 금방 나을 것이라고 대수롭지 않게 생각했는데 나를 진료하던 의사가 짐짓 심각한 표정으로 말했다.

"환자분, 단순한 콧물이나 감기처럼 보이지는 않습니다. 아무래도 인후암인 것 같군요."

얼마나 충격적이었는지 상상이나 되는가? 나는 단지 감기가 좀 오래 간다고 생각했을 뿐인데 암이라니! 전 세계 곳곳을 돌아다니며 강연을 하는 것이 나의 일인데 어떻게 암 투병을 해야하나 아득해졌다. 일단 병원에서 나와 차를 몰고 집으로 향하는데 마침 그날 예정된 중요한 전화 인터뷰가 생각났다. 그 주에있던 강연을 확정하기 위해 사전 통화를 하기로 했던 것이다. 전화가 걸려와 이야기를 나누기 시작하자 암 진단을 받고 예민해진 상태였던 나는 별것 아닌 상대의 말에 전화기에 대고 거의 고성을 지르게 되었다. 그러자 고객사 측은 "우리 직원들에게 당신처럼 예민하고 부정적인 사람의 강연을 들려줄 수는 없겠군요"라며 강연을 취소해버렸다. 나는 한참 후에야 얼마나 큰실수를 저질렀는지 깨달았다.

일단 침착을 되찾아야 했다. 스스로 세운 규칙에 따라 마음을 차분히 가라앉히고 인후암에 대한 각종 자료를 찾았다. 암에 관한 책을 30권은 넘게 읽었던 것 같다. 검색도 멈추지 않았다. 각종 의료 사이트를 방문해 내가 걸린 암에 대해 자세히 알아보았다. 나는 목에 생긴 흑색종에 의한 인후암 1기였다. 아직 말기가 아니기에 충분히 치료할 수 있었다. 다시 의사를 찾아가 치료법을 자세히 물었다. 그는 일단 조직 검사를 받고 암세포를 정확히 찾아낸 다음, 항암 치료로 암의 크기를 줄여야 한다고 했다. 그다음에 방사선 치료로 남은 암세포를 제거하는 과정을 거쳐야 했다.

"치료 과정은 반년 정도 걸립니다. 꽤 불편하고 고통스러울 겁니다. 머리카락도 많이 빠질 테고 목의 통증이 클 거예요. 무언가 삼키거나 맛보지도 못할 겁니다. 하지만 잘 치료받고 회복하면 6개월 뒤에는 다시 무리 없이 강연을 할 수 있을 겁니다."

나는 치료 과정을 성실히 따랐다. 무리하지 않았고, 마음의 안정을 찾으려 노력했다. 암과 관련된 책과 자료도 계속해서 찾아 읽었다. 이때 암에 대한 잘못된 치료법도 있음을 알게 되었다. 제대로 된 의사를 만나서 다행이라고 생각하며 지속적으로 건강을 잘 챙긴 결과, 6개월 후에는 싱가포르에서 최상의 컨디션으로 강연을 할 수 있었고 청중에게 기립박수까지 받았다.

만일 당신의 몸에 큰 이상이 생겼다면 의사의 말을 전적으로 믿기를 권한다. 환자들이 빠르게 쾌유해 건강한 상태로 돌아가게 돌보는 것이 그들의 일이다. 그들의 설명에 귀를 기울이고 그들이 제안하는 표준적인 치료법을 따르면 된다. 걱정은 몸을 더욱 망가뜨릴 뿐이다.

3퍼센트에 불과한 확률에도 대비하라

살다 보면 좌절과 어려움은 늘 찾아올 수밖에 없다. 나는 강연에서 위기 예측법Crisis Anticipation에 대해서도 가르친다. 어떤 일이 일어날 확률이 3퍼센트만 되어도 미리 생각하고 계획을 세워야 한다는 것이다.

건강을 예로 들어보자. 나이 들수록 건강을 관리하지 않으면 몸에 문제가 생긴다. 신체 장애, 실명, 심장마비, 성대결절 등으로 인해 일을 그만둘 확률은 얼마나 될까? 만약 당신이 생각하기에 그럴 확률이 3퍼센트 이상 된다면, 당연히 그런 일이 일어나지 않도록 건강을 관리해야 한다. 당신의 건강이 무너져서 일과 가정까지 도미노처럼 무너지지 않도록 말이다.

사업도 마찬가지다. 사업과 관련해 일어날 수 있는 최악의 일을 생각해보자. 경기가 좋지 않아 매출이 크게 떨어지는 것? 시장이 축소되고 부도가 나서 대금을 치르지 못하는 것? 무엇이든 대비해 해결책을 생각해두면 된다. 만약 당신이 전국 곳곳을 돌아다니며 강연하는 사람이라면 일정을 절대 빠듯하게 잡지 않는 것이 좋다. 내일의 강연을 위해 오늘의 마지막 교통편을 예약하는 어리석음을 범하지 말라. 그 교통편이 취소되면 어떻게 할 것인가?

준비된 사람은 갑자기 닥쳐오는 위기도 피할 수 있다. 또한 커다란 사고가 휩쓸고 지나간 뒤에도 다시 시작할 힘이 생긴다. 미래를 무작정 걱정하는 것이 아니라 가능성에 대비해 준비하라는 것이다. 당신이 문제를 해결해낸 모습을 생생히 생각하라. 위기를 예측하고 적절한 대비책만 세워둔다면 극복할 수 없는 실패는 없다.

실패하지 않는 것이 가장 큰 실패다

누구나 살면서 실수와 실패를 겪을 수밖에 없다. 성공한 사람들은 실패의 경험에서도 교훈을 얻어 성장했다. 일을 어려운 과업이 아닌 재미있는 게임처럼 생각하고 접근한다면 더 좋은 성과를 거둘 것이다.

첫술에 배부른 사람은 없다

아이디어를 실현하는 과정에서는 수없이 많은 수정이 이루어져야 한다. 피터 드러커는 새로운 수익 모델이 성과를 거두기 위해서는 최소 네 번의 수정이 필요하다고 했다.

빠르게 실패할수록 빠르게 성공한다

성공은 '실패 게임'에 가깝다. 누가 더 짧은 시간 안에 많은 실패를 경험했느냐에 따라 결정된다. 실패에서 배우고 점점 실패를 줄여나가는 사람이 결국 성공한다.

3퍼센트에 불과한 확률에도 대비하라

미래를 걱정하는 대신 대비하면 어떤 위기도 두렵지 않다. 원하는 모습을 구체적으로 그리는 것처럼 위기를 극복하는 모습도 구체적으로 떠올려 준비해야 한다.

실행 프로젝트 **문제를 예측하고 대비하기**

01 내일 일하며 겪게 될 상황을 시뮬레이션해보라.
오늘의 경험을 바탕으로 내일 문제가 될 상황을 두 가지 써보라.

02 그 문제가 발생했을 때 어떻게 해결할 것인가?
당장 적용할 수 있는 현실적이고 구체적인 해결책을 써보라.

03 당신이 최근에 떠올린 아이디어나 기획을 한 문장으로 쓰고,
어떤 사람을 타깃으로 하는지 구체적으로 작성하라.

04 주변에 해당 타깃이 있는가? 있다면 그의 의견을 물어보라.
허점과 보완할 점을 찾아달라고 묻고 여기에 작성하라.
(주변에 해당 타깃이 없다면 어디에서 찾을 수 있을지 알아보고, 구체적인
개념 증명 계획을 세워보라.)

9장

성장을 이끄는
리더가 되라

"사람과 사람을 연결하면
비즈니스로 이어진다."
―마크 저커버그(메타 창립자)

"해왔던 대로만 한다면
당신은 늘 얻던 것만 얻게 될 것이다."
―토니 로빈스(미국의 작가, 변화심리학의 권위자)

인간은 누구나 일상에서 안정감을 느끼고 하는 일에서 만족감을 얻길 원한다. 심리학자 매슬로가 말한 인간의 욕구 단계 중 가장 최상위인 자아실현의 욕구가 그것이다. 뛰어난 리더는 부하 직원이 일에서 행복을 느끼고 일을 할 때 자존감이 상승되도록 만든다. 동기부여를 개인의 내면에서만 이루어지는 일로 생각한다면 이처럼 타인에게 동기를 부여할 수 있다는 말 자체가 모순처럼 느껴질 것이다. 하지만 세상에는 부하 직원에게 적절한 동기를 부여해 성장을 돕는 탁월한 리더들이 많다. 궁극적으로 부하 직원들이 승리할 수 있는 구조를 마련함으로써 말이다.

이를테면 탁월한 리더는 마라톤 풀코스의 표지판 같은 것을 적절히 제시해 중간 점검을 할 수 있도록 한다. 마라톤 풀코스는 42.195킬로미터로 보통 1킬로미터마다 표식이 있어 달리면서 자신의 위치를 확인할 수 있다. 1킬로미터를 지나면 2킬로미터 표시가, 다음에는 3킬로미터 표지판이 나오면서 참가자들이 성취감을 느끼게 하고 남은 경기를 위해 컨디션을 조절하게 만든다. 만약 시작점과 결승선만 있고 중간에 달려온 구간이나 남은 구간이 표시되어 있지 않다면 아무것도 모르는 채 42.195킬로미터를 달려야 하니 매우 힘들 것이다. 너무 멀고 길어 보여서 중간에 의욕을 잃고 포기하는 사람도 속출할 것이다.

목표를 향해 가는 과정에서 중간 평가나 남은 과제를 점검해야 하는 이유는 또 다른 사례로도 살펴볼 수 있다. 플로렌스 채드윅Florence Chadwick은 1950년에 프랑스와 영국을 잇는 영국 해협을 헤엄쳐 왕복한 최초의 여성이다. 그녀는 2년 뒤, 미국 캘리포니아 해변에서 카탈리나 섬까지 거의 마라톤 풀코스에 달하는 거리를 헤엄쳐 건너는 일에 도전했다. 이번에도 성공하면 역시 여성으로서는 최초라는 기록을 세우는 것이었다. 그런데 쉬지 않고 헤엄치던 중, 갑자기 날씨가 흐려지더니 안개가 내려앉았다. 굴하지 않고 앞으로 나아갔지만 안개가 점차 짙어지자 결국 그녀는 완주를 포기할 수밖에 없었다. 비상시를 대비해 주변을 맴돌던 배가 플로렌스를 끌어당겼고 보트 위에 올라간 뒤 그녀는 망연자실했다. 남은 거리가 고작 1.5킬로미터에 불과했기 때문이었다. 뭍에 도착해 이어진 기자들의 질문에 그녀는 이렇게 말했다.

"만약 안개가 끼지 않아 앞이 잘 보였다면 끝까지 해냈을 겁니다. 목표 지점이 그렇게 가까이 있다는 걸 알았다면 절대 포기하지 않았을 거예요."

2개월 후 그녀는 심기일전해 다시 도전했고, 역시나 도중에 짙은 안개가 내려앉았지만 포기하지 않고 끝까지 완주했다. 플로렌스는 도전을 완수한 뒤 인터뷰에서 이렇게 말했다.

"지난 번과 똑같이 안개가 끼어 앞이 보이지 않았지만, 이번에는 마음속으로 목표 지점을 계속 그렸습니다. 안개 뒤에 육지가 있을 거라고 상상하니 포기하지 않을 수 있었습니다."

탁월한 기업이 하는 동기부여

기업의 사례에서도 목표의 중요성을 찾을 수 있다. 10년간 전 세계 20개국 2만 2,000개의 기업을 조사한 연구에 따르면 성공한 기업에게는 공통된 특징이 있었다. 모두 기한이 정해진 명확한 목표를 지니고 성과를 측정할 수 있는 시스템 아래서 일했다. 물론 성과를 달성했을 때는 확실한 보상을 했다.

연구진이 가장 눈여겨본 것은 성공한 기업의 직원들은 직위 상관없이 모두 명확한 목표를 지니고 있다는 사실이었다. 무엇을 성취해야 하는지, 어떤 결과가 나와야 하는지를 사원부터 사장까지 모두 빠짐없이 공유하고 있었다. 다시 말해 그들은 결승선이 어디인지 정확히 알고 있었다. 이런 회사들은 목표에 관해 이야기하고 분명한 방향을 설정하는 데에 오랜 시간을 쏟았다.

목표에도 특징이 있었다. 마감일이 잡혀 있었고, 모든 구성원이 주어진 업무를 언제까지 끝내야 하는지 인지한 상태에서 자신의 일을 계획하고 실행했다. 낭비되는 시간 없이 효율적으로 일했던 것이다. 또한 업무를 진행하는 과정에는 목표 달성도를 측정할 수 있는 기준이 마련되어 있어서 객관적으로 성과를 평가하고 남은 과제를 실행할 수 있었다. 더불어 성과에 대한 보상은 기본이었다. 할당량을 달성하거나 목표를 이루면 인센티브를 주는 성과 문화Performance Culture가 자리 잡혀 있었다.

성과 문화가 뚜렷한 기업으로는 세계 최고의 인프라 기업인 제너럴일렉트릭을 꼽을 수 있다. 20년간 제너럴일렉트릭을 이끈 잭 웰치Jack Welch는 취임 당시 250억 달러였던 매출을 퇴임할 즈음에는 다섯 배가 넘는 1,300억 달러로 견인했는데 그 배경에는 성과 문화가 있었다. 주요 사업부를 이끄는 임원의 연봉은 50만 달러였지만 기대 이상의 성과를 내면 연말에 100만 달러, 즉 연봉의 두 배인 인센티브를 받을 수 있었다. 그뿐만 아니라 전 직원에게 뚜렷한 성과 목표와 마감일, 평가에 따른 합당한 보상을 제시하며 열심히 일할 원동력을 시스템으로 만들어 놓았다.

제너럴일렉트릭의 업무 성취도는 4등급으로 나뉘어 관리되었다. 단순히 맡은 업무를 완수했을 때는 4등급, 뛰어난 수준으로 업무를 처리했을 때는 3등급을 받았다. 3등급 직원에게는 급여의 10~20퍼센트에 해당하는 인센티브를 지급했다. 뛰어난 정도를 넘어 주변 사람들이 보고 배울 만한 방식으로 일을 해냈을 경우에는 2등급으로 급여의 두 배를 인센티브로 제공했고, 마지막 최고 등급의 직원에게는 세 배의 인센티브를 포상으로 내렸다.

제너럴일렉트릭 직원들은 더 높은 성과를 위해 노력했고 회사는 빠르게 성장해 가장 혁신적이며 수익성 높은 기업으로 연일 신문 1면을 장식했다. 물론 지금은 잭 웰치의 상대 평가 시스템이 가짜 동기부여를 유발한다는 비판으로 제너럴일렉트릭에서도 사라졌지만, 당시 저성장하던 기업을 위대한 기업의 반열에 올려놓았다는 사실만은 부정할 수 없다.

좋은 리더는 언제나 직원들이 승리할 수 있는 구조를 만드는 데 골몰한다. 사소한 업무라도 뚜렷한 목표와 적절한 평가를 통해 내재적 동기를 마련할 수 있도록 돕는다. 그들은 마치 올림픽에 참가한 선수들의 코치와 같다. 4년에 한 번씩 열리는 올림픽에서는 매년 세계 신기록이 탄생하는데, 흥미로운 사실은 관중이 많을수록 선수가 뛰어난 기록을 달성할 확률이 높다는 것이다. 다시 말해 수많은 사람들의 응원을 받으며 경기에 임할 때 더욱 향상된 성적으로 결승선을 통과하는 것이다.

기업의 리더는 전 직원이 박수받고 응원받을 수 있는 체계를 만드는 사람이다. 직원을 칭찬하고 격려하고 보상하며, 아무리 사소한 것이라도 누군가 목표를 달성하면 절대 그냥 지나치지 않는다. 분위기 좋은 레스토랑에서 점심을 사 주고 전체 회의에서 성과를 언급해 모두의 박수를 유도하기도 한다.

"윌리엄이 지난주에 대단한 성과를 냈습니다. 결코 쉽지 않은 일이지요. 자, 모두 힘찬 격려의 박수를 보내줍시다!"

모두가 모인 자리에서 성과를 언급하고 칭찬하는 것은 직원의 사기를 끌어올린다. 일정한 기준으로 지속적으로 행해진다는 가정하에 말이다. 박수를 받은 사람은 그 일을 몇 달간 기억하며 뿌듯함을 느끼고 동기가 부여되어 점점 더 큰 업무 성과를 낼 것이다. 회사 전체에 성과를 공유하고 칭찬하는 것은 단지 칭찬받는 사람에게만 좋은 일도 아니다. 긍정적인 에너지는 선순환되기 때문이다.

막대한 성과를 내는 기업의 비결이라기엔 너무 단순해 보이는가? 하지만 이는 전 세계의 뛰어난 기업들이 실제로 오랜 시간 활용해온 방법이다. 이렇게 직원들이 조직 내에서 성과를 내며 스스로 성장하고 잠재력을 발휘할 수 있도록 끌어주는 리더십을 서번트 리더십Servant leadership이라고 부른다. 구성원들이 스스로 조직에 기여하는 중요하고 가치 있는 사람이라고 느끼게 하는 것이다.

조용한 퇴사를 막는 방법

2023년 갤럽이 조사한 바에 따르면 주어진 최소한의 업무만 노력한다고 답한 직장인의 비율이 50퍼센트에 달했다. 이는 '조용한 퇴사Quiet quitting'라고 불리며 실제 일을 그만두진 않았지만 업무에 열중하지 못하는 상태를 가리킨다. 매일 출근해 일하고 있지만 회사에 소속감을 느끼지 못하고 좋은 기회가 생긴다면 언제든 떠날 생각인 사람이 절반을 넘는 것이다.

반면 좋은 조직의 구성원들은 아침에 조금이라도 더 일찍 출근하고 싶어 하고 늘 업무에 열의가 넘친다. 퇴근 후에는 동료들과 주변 음식점이나 펍에서 시간을 보내며 일에 대해 열정적으로 이야기한다. 이런 회사의 리더들은 노력을 충분히 인정해주고 구성원들이 성장하고 있다고 느끼도록 한다. 아무런 열정도 없는 이들이 모여 적당히 일하고 퇴근 후에는 업무에 대해 전혀 고민하지 않는 회사와 생산성과 수익성에 있어서 당연히 몇 배의 차이가 난다.

나는 몇 년 전 누구나 이름만 들으면 알 만한 글로벌 기업에 초빙되어 관리자들을 대상으로 강연을 했다. 강연을 앞두고 사전 미팅에서 관계자가 나에게 무언가를 건네며 말했다.

"우리 회사 관리자들 앞에서 리더십 강연을 하기 전에 그들이 어떤 교육을 받았는지 알아두시면 도움이 될 겁니다. 이 책자를 참고하시면 됩니다."

그가 건넨 책자의 표지에는 숫자가 매겨져 있었고 기밀 문서를 뜻하는 빨간 스티커가 붙어 있었다.

"주말 동안 읽어보세요. 다만 책자에 무언가를 메모하거나, 내용의 일부나 전체를 복사하시면 안 됩니다. 월요일까지 반드시 돌려주세요."

그 책에는 회사의 경영관리 지침이 담겨 있었고 분량이 300페이지를 넘어 주말 내내 읽어야 했다. 그 회사는 전 세계에 진출해 있었는데 책자는 각 지역에서 놀라운 성과를 거둔 120개 팀의 사례를 연구해 작성한 보고서였다. 경쟁이 치열한 제품의 가격을 80퍼센트로 절감하고, 출시 기간을 1년에서 반 년으로 단축하며, 매출과 수익성을 기존보다 3~5배까지 성장 시킨 성공 사례가 적혀 있었다. 그리고 사례를 바탕으로 찾은 공통점이 서술되어 있었다.

처음부터 끝까지 정독해보니 어디에서도 배운 적 없는 놀라운 성공 공식이었다. 월요일이 되어 책자를 돌려줄 때 아쉬운 마음이 들 정도였으니 말이다. 나는 관계자에게 물었다.

"제 강의에서도 이 내용을 가르칠 수 있으면 좋겠네요. 혹시 허락해줄 수 있습니까?"

"안 됩니다. 이건 저희 회사 기밀이라서요. 막대한 비용을 투자하고 컨설팅을 의뢰해 얻어낸 내용입니다."

"그건 압니다만…… 어떻게, 좋은 방법이 없을까요?"

"정 원하신다면 회장님께 직접 편지를 보내보세요. 진심이 전해진다면 가능할지도 모르지요."

나는 회장실 앞으로 정중한 편지를 썼다. 뛰어난 내용의 보고서를 읽을 기회를 주어 감사하며 나도 이 내용을 사람들에게 널리 가르치고 싶다는 간절한 마음을 담아서 말이다. 며칠 뒤, 내 강연에서 그 내용을 다루어도 좋다는 답장이 왔다. 전 세계에서 그 권한을 얻은 사람은 내가 유일했다. 그 책자에 담긴 성공 공식을 여기서 소개하고자 한다.

들어가기 전에, 혹시 미국의 말콤 볼드리지 국가 품질상에 대해 들어본 적이 있는가? 레이건 대통령 시절 상무부 장관이었던 말콤 볼드리지Malcolm Baldrige가 제안해 그의 이름을 따서 만든 것으로 뛰어난 품질과 생산성을 보인 기업을 선정해 수여하는 상이다. 그는 일본에서 매년 최고의 상품을 개발해낸 기업에 수여하는 '데밍상'에서 영감을 얻어 이 상을 제정했는데 사실 일본의 데밍상도 미국에서 비롯된 것이다. 품질경영의 아버지이자 선구자로 불리는 미국의 W. 에드워즈 데밍W. Edwards Deming은 제2차 세계대전 직후 국가 경제가 거의 파탄난 일본으로 넘어가 공정관리와 품질개선의 중요성을 가르쳐 성과를 냈다. 일본에서 그를 기리며 1951년에 데밍상을 제정했던 것이다.

말콤 볼드리지 국가 품질상 후보에 오르기 위해서는 40페이지에 달하는 신청서를 작성해야 한다. 시상위원회가 각 기업을 조사하는 데 드는 비용 35만 달러도 전액 부담해야 한다. 조사관들은 미국 전역 곳곳으로 흩어져 각 기업을 직접 방문해 조사하는데, 직위와 상관없이 다양한 직원을 만나고 임원들과도 심층적으로 이야기를 나눈다. 고객과 공급업체, 협력업체 뿐만 아니라 금융전문가들까지 만나 자문을 구하고 나서야 수상 기업을 결정한다. 이때 조사관들이 빼놓지 않고 하는 질문이 핵심 가치에 대한 것이다. 회사에 소속된 직원이 이 질문을 듣고 즉시 답해야 자격이 인정된다. 예를 들어 어느 기업의 하역장이나 창고에서 물품 입출고를 담당하는 직원에게 "당신이 다니는 회사의 핵심 가치는 무엇인가요?"라고 물었는데 즉시 답이 나오지 않았다면 조사관은 그 기업의 신청서를 폐기하고, 조사 비용 35만 달러도 돌려주지 않는다. 핵심 가치를 공유하지 않은 기업은 양질의 기업이 될 수 없다고 판단하기 때문이다. 여기서 첫 번째 성공 공식이 등장한다.

핵심 가치를 명확히 할 것

기업의 성공에 가장 중요한 것은 가치의 공유다. 기업이 추구하는 가치는 매우 단순할 수도 있다. 다만 반드시 진정성이 담겨야 한다. 또한 모든 구성원이 동의한 것이어야 한다. "우리는 무엇을 믿고 지지하는가?", "우리가 절대 타협하지 않고 지켜낼 것은 무엇인가?"라고 물었을 때 나오는 것이 기업의 가치관이다. 정직성과 성실성, 높은 품질의 제품과 우수한 고객 서비스, 타인에 대한 존중, 안정을 위한 수익성 등 무엇이든 회사의 가치가 될 수 있다. 좋은 기업은 비즈니스의 핵심 가치에 대해 모든 구성원들이 편안하게 의견을 제시할 수 있게 한다. 예를 들면 "제품과 서비스, 매출과 이윤 목표는 바뀔 수 있습니다. 하지만 우리는 절대 진정성은 포기하지 않아야 합니다"라고 누군가 말했을 때 동의하거나 반론할 수 있는 기회가 열려 있는 것이다.

모두가 무엇을 해야 하는지 알게 할 것

기업의 가치가 정립되었다면 목표가 정해져야 한다. 성공한 기업의 구성원들은 뚜렷한 목표를 향해 일한다. 목표에 대해 논의하며 다양한 의견을 수렴하고 계획을 세운다. 목표에는 늘 마감일이 정해져 있으며, 목표 달성을 측정하는 기준도 뚜렷하다. 구성원 모두가 무엇을 해야 할지 정확히 알고 있어야 나아갈 수 있다.

서로가 무슨 일을 하는지 알게 할 것

전 세계의 손꼽히는 기업들은 어떤 직원이 어떤 업무를 언제 어떤 기준으로 할 것인지 아주 구체적으로 계획하고 공유하는 정밀한 시스템을 갖추고 있다. 이를 통해 업무가 겹치는 일을 막고 아이디어의 발전을 꾀하는 것이다. 자신에게 주어진 책임을 다하고 다른 사람이 무슨 일을 하는지까지 알고 있으면 아무리 큰 규모의 기업도 원팀one team으로 효과적으로 운영된다.

지속적인 피드백은 필수

목표와 계획을 공유했다면 그다음으로 지속적인 성과 평가가 이루어져야 한다. 이 평가에는 외부의 평가와 내부의 평가가 모두 포함된다. 한 달에 한 번 또는 분기에 한 번 등 구성원들이 둘러앉아 서로의 업무가 어떻게 진행되고 있는지 논의할 수 있어야 한다. 핵심 가치를 토론하는 자리와 마찬가지로 누구나 거리낌없이 이야기할 수 있어야 한다. 잘된 일에는 충분히 칭찬하고, 달성하지 못한 목표에 대해서는 원인을 짚고 해결책을 찾아보는 생산적인 시간으로 만들어야 한다.

특히 성과 평가에서 유의해야 할 점은 공개적이고 투명하게, 객관적인 지표에 따라 이루어져야 한다는 것이다. 사내 정치나 파벌에 따라 성과의 공이 바뀌는 일이 없어야 한다.

리더가 먼저 행동할 것

마지막으로 이 모든 것은 리더가 먼저 실천해야 한다. 위대한 기업의 리더는 소위 말하는 지휘자형 리더다. 선수들에게 공을 돌리라고 무섭게 소리치는 축구팀 코치나 빠릿하게 움직이라고 외치는 군대 장교가 아니라, 단원들이 제각각 연주에 집중할 수 있도록 눈을 맞추며 사인을 주고 지휘하는 오케스트라의 지휘자를 떠올려보라. 말로만 외치는 것이 아니라 작은 손짓일지라도 움직여 집단을 이끌고 행동을 촉진시킨다. 남들보다 한 발 앞서 생각하고 이끌어나간다. 최고의 리더는 모두에게 묻고 확인하고 조정하는 시간을 아까워하지 않는다. 일하는 데에 어떤 고충이 있는지, 추가적인 지원이나 일정 조절이 필요한지, 경비가 부족한지를 묻고 또 묻는다. 리더의 행동은 구성원을 움직이게 한다. 지휘자의 작은 손짓으로 오케스트라의 아름다운 하모니가 탄생하는 것처럼 리더의 행동은 위대한 성과를 만들어낸다.

팀원이 하는 일을 알아야 한다

기업의 관리자들을 대상으로 하는 리더십 강의에서 청중의 집중력이 떨어진 것 같을 때 내가 자주 제시하는 게임이 있다. 이 게임이 근거한 이론은 내가 만들어낸 '3의 법칙'이다. 우리가 하는 일 가운데 세 가지가 전체 성과의 90퍼센트를 좌우한다는 뜻으로 성공은 가장 중요한 세 가지를 집중적으로 실천할 때 다가온다. 가장 중요한 업무는 어떻게 파악할 수 있을까? 많은 사람들이 여기서 길을 헤맨다. 가장 큰 수익을 가져다주는 일인지 아니면 지금 당장 잘할 수 있는 일인지 혼란스러운 것이다. 그럴 때 이 질문이 유용하다.

"하나의 일만 처리할 수 있다면 무슨 일을 해야 할까? 가장 큰 기여도가 있는 일은 무엇일까?"

잠시 시간을 두고 다음 질문도 스스로에게 해보자. "이제 두 가지 일을 처리할 수 있다면 무엇을 해야 할까?"

다음 질문도 비슷하다. "최종적으로 세 가지 일만 할 수 있다면 나는 인생에서(혹은 일에서) 무엇을 해야 할까?"

일견 단순해 보이는 질문이지만 질문은 언제나 단순할수록 핵심을 찌르는 법이다.

3의 법칙과 관련한 재미있는 에피소드가 하나 있다. 어느 기업의 최고 임원이 내 교육 프로그램을 수강했을 때다. 그날 나는 목표에 집중하는 법과 3의 법칙을 열정적으로 가르쳤다. 하루 종일 진행하고 저녁이 되어 끝나는 프로그램인데, 오후 2시쯤 그가 갑자기 가방을 들고 자리에서 일어나는 것이 아닌가. 그러더니 내가 뭐라고 말할 틈도 없이 뒷문으로 나가버렸다. 나는 다른 사람들에게 잠시 양해를 구하고 뛰어나가 그를 붙잡고 물었다.

"톰, 갑자기 어디 가는 거예요? 아직 끝날 시간이 아닌데요."

그는 단호하게 답했다.

"더 들을 필요도 없습니다."

몹시 당황스러웠다. 그는 맨 앞자리에 앉아 내 말을 경청했고,

매우 흥미를 느끼는 것처럼 보였기 때문이다. 그런데 들을 필요도 없다니! 나는 일단 침착하게 답했다.

"그런가요? 이 프로그램은 전액 환불이 가능합니다. 담당자와 이야기해보세요."

"아니, 환불은 필요 없습니다. 저는 이미 제가 지불한 만큼의 가치를 얻었으니까요. 매일 목표를 기록하고 실행할 것 그리고 3의 법칙까지 말입니다. 중요한 개념들을 배웠으니 이를 바탕으로 이번 달 말까지 수입을 두 배로 늘릴 겁니다. 그래서 더 들을 필요가 없습니다."

나중에 그로부터 연락을 받는데 배운 그대로 실천했다고 했다. 그달 말에 수입이 두 배로 늘었고, 급기야 몇 달 사이에 수입을 서너 배 이상 늘렸다.

다시 게임 이야기로 돌아가, 나는 청중에게 이렇게 말했다.

"이쯤에서 게임을 하나 해볼까요? '밥그릇 지키기 게임'이라는 건데요. 규칙은 다음과 같습니다. 종이에 부하 직원, 팀원의 이름을 적으세요. 다 적었나요? 이제 이름 옆에 그 사람이 회사에 출근해서 해야 하는 가장 중요한 일 세 가지를 적으면 됩니다. 거기에 팀원들의 연락처까지 적어서 제게 건네주실래요?"

그러면 사람들은 고개를 갸웃한다. 게임이라더니 이게 무슨 소리냐는 듯한 반응을 보인다. 나는 말을 이어간다.

"제가 팀원들에게 자신이 하는 일 중 가장 중요한 세 가지가 무엇인지 물어보고, 여러분이 쓴 답과 일치하는지 확인할 겁니다. 여러분은 팀의 리더니까요. 만약 일치하면 여러분은 자신의 일을 잘 수행하고 있으니 '밥그릇을 지키는 것'이지요. 그럼 시작해볼까요?"

그러면 그들은 크게 웃으면서도 내심 게임을 하고 싶지 않다는 표정을 내비친다. 팀원의 연락처를 기꺼이 넘겨주는 사람도 거의 없다. 팀장이 팀원이 무슨 일을 하고 있는지 잘 모른다는 것은 정말 아이러니한 일이 아닐까? 어쩌면 그는 무엇이 중요한지도 모르는 채 혼자 헤매고 있는지도 모른다. 반면 기꺼이 시간을 내 팀원에게 일의 중요도와 순서를 가르쳐주고 있다면 리더로서 해야 할 일을 제대로 하고 있는 것이다. 이 게임이 근거한 이론은 내가 만들어낸 '3의 법칙'이다. 밥그릇 지키기 게임은 실제로 누군가의 역할을 빼앗거나 유지하게 하지는 않지만 나는 리더들에게 회사에서 3의 법칙을 활용한 밥그릇 지키기 게임을 꼭 해보라고 권한다.

"교육을 마치고 업무에 복귀하면 팀원들과 함께 회의를 해보세요. '나는 왜 월급을 받는가?' 주제로요. 그리고 제가 이야기한 것과 똑같이 하면 됩니다. 모두 자신이 해야 하는 가장 중요한 일을 세 가지씩 써보라고 하는 거지요. 이게 그 사람의 주요 업무가 되겠지요. 그리고 부차적으로 중요한 일도 세 가지씩 써보라고 하세요. 그런 다음 모두가 적은 내용을 한곳에 모아 공유하며 회의를 진행하면 의외의 결과를 얻을 수 있습니다."

예를 들어 한 직원은 이렇게 말할 것이다.

"제가 생각하는 가장 중요한 일은 A, B, C입니다."

그러면 다른 직원들은 그 사람의 리스트를 보며 의견을 주고

받을 수 있다.

"맞아요, A 업무 전담하기로 하셨지요. 잘하고 계시네요."

"아니, B는 당신의 일이 아니에요. 제가 담당하고 있는데요?"

어쩌면 직원들이 중복되는 업무를 처리하고 있을지도 모른다. 회사 입장에서 인력과 시간 낭비인 것이다. 반대로 누군가 꼭 처리해야 할 일인데 아무도 하지 않고 있는 일을 발견할 수도 있다. 한 사람이 전혀 연관 없는 두 가지 일을 맡아서 아등바등하는 사태를 확인할 수도 있고, 이 일을 하면서 저 일은 할 수 없다는 모순을 발견해 일을 합리적으로 분배할 수도 있을 것이다. 모두의 업무를 공유하고 문제 상황을 해결하며 조직 전체가 성장의 탄력을 받을 것이다.

자비로운 독재자형 리더가 성공한다

중요한 업무를 제대로 파악했다면 일의 방향과 일정, 마감일을 확인해야 한다.

정확한 업무 방향성과 마감일은 모든 구성원에게 강한 동기 부여가 되어준다. 명확성은 아무리 강조해도 지나치지 않다. 당신이 한 팀이나 기업의 리더라면, 팀원이나 구성원들에게 모두 명확한 기준을 제시하라. 리더는 또한 모든 구성원의 업무에 필요한 자원이 주어졌는지 확인하고 조정해야 한다. 회사의 치어 리더가 되었다고 생각하며 자주 돌아다니고 동료들을 격려하라. 모든 구성원이 자신의 가치를 인정받았다고 느끼게 해주어라. 그러면 업무 성과도 올라가지만 무엇보다 회사의 사기가 높아진다. 모두가 최고의 역량을 발휘할 수 있다.

간혹 회사에서 마감일이 지켜지지 않아서 후속 업무로 넘어가지 못하는 당황스러운 경우가 생기곤 한다. 담당자에게 물으면 기한이 있는지조차 몰랐다는 반응이 돌아오기도 한다. 일차적으로는 그 직원의 실수이지만 더 넓은 관점에서의 원인은 회사 시스템의 부재에 있다.

나의 회사에는 30명의 직원이 있다. 자랑 같지만 아침에 사무실에 도착하면 모두가 밝은 표정이다. 항상 미소를 짓고 서로 긍정적인 이야기를 주고받으며, 바쁘게 움직이는 와중에도 여유를 잃지 않는다. 동료들끼리도 사이가 좋아서 대화도 많이 나눈다. 그들의 대화를 들어보면 시간을 낭비하는 스몰토크 류의 수다가 아니라 회사 업무와 관련된 중요 사항에 대해 논의하는 발전적이고 건설적인 대화다. 활기찬 분위기 속에서 모두가 상상을 뛰어넘는 수준의 매출을 올리는 것은 어쩌면 당연한 일이 아닐까? 내가 명확한 방향성을 지니고 직원들을 물심양면 지원하고, 이를 회사의 시스템으로 만들었기 때문이다. 회사의 분위기에 영향을 받아 나 역시 매일 즐거운 마음으로 일에 임하는 것은 물론이다.

나는 서번트 리더십을 회사 경영에 활용하고 있다. 용어에서 오는 뉘앙스로 서번트 리더십을 느슨한 리더십으로 오해하기도 하는데 이는 서번트 리더십을 잘못 이해한 것이다. 민주주의와 대화의 원칙을 토대로 하는 리더십과 친근한 분위기를 조성하는 것을 동일시하는 오류에 기인한다. 그런 리더는 구성원들에게 호감을 사는 일에 더 신경을 쓰다가 결국 회사 상황을 악화시키기도 한다.

윌리엄 레딘William Reddin이 연구한 3차원 리더십 유형에 따르면 가장 효과적인 리더의 유형은 자비로운 독재자Benevolent autocrat다. 이들은 구성원에게 성취해야 할 목표를 제시하지만 압박하고 강요하지 않는다. 직원들을 늘 응원하고 격려하면서도 반복적으로 중요한 업무를 강조한다.

"당신이 할 일은 이 제안서를 작성하는 일이에요. 내일 오후 4시까지는 반드시 끝내야 해요. 필요한 게 있으면 언제든 도움을 요청하세요. 하지만 제가 대신해줄 수는 없어요. 이건 당신의 일이니까요."

누군가 개인적인 사정이 있어 회사에서 다른 일을 처리한다고 해보자. 자비로운 독재자라면 이렇게 말할 것이다.

"그런 일은 퇴근 후에 하면 됩니다. 지금은 회사에서 일하는 시간이잖아요? 기한까지 맡은 일을 충실히 해내야 합니다, 알고 있지요? 만약 이런 방식이 너무 빡빡하다고 느낀다면 다른 회사로 옮기는 것도 고려해보세요."

한 사람의 해이해진 태도는 다른 사람들에게까지 전염된다. 한 사람의 직원을 제대로 다루지 못한다면 그 순간부터 경영은 실패한 것이다. 주변 직원의 사기가 떨어질 것이고, 모두가 적당히 일하고 싶어 할 것이다. 열심히 일하는 사람과 그렇지 않은 사람이 비슷하게 보상을 받는다면 누가 열심히 일하겠는가?

훌륭한 리더가 되고 싶다면 자비로운 독재자가 되어야 한다. 구성원 각자가 성실하게 업무를 처리하고 있는지, 회사가 안정적으로 잘 굴러가고 있는지 늘 판단해야 한다. 업무 성과와 각종 지표를 기준으로 말이다. 구성원들이 모두 자기 효능감과 성취감을 느끼도록 도와라.

수만 명의 직장인을 대상으로 '함께 일해본 가장 좋은 상사는 어떤 사람인가?'라는 질문과 '어떤 자질이 그를 최고의 상사로 만들었는가?'라는 질문을 던졌을 때 나온 답변은 자비로운 독재자형 리더의 모습을 구체적으로 보여준다. 답변을 분석한 결과, 두 가지 특징이 있었다.

첫 번째는 명확성이었다. "상사가 나에게 무엇을 기대하는지 언제나 분명히 알 수 있었다", "절대로 모호한 지시는 내리지 않았다. 무엇을 언제까지, 어떤 순서로 진행할지 항상 분명하게 지시했다"라는 답변이 많았다. 상사이자 선배는 직장에서 부하 직원과 후배들을 이끌어줄 줄 알아야 한다. 이는 자비로운 독재자 유형 리더의 독재자적인 특징이다.

두 번째는 배려였다. "상사는 나를 직원으로만 대하는 것이 아니라 언제나 인간적으로 대했다", "항상 나에 대해 질문했다. 요즘 어떻게 지내는지, 가족들은 어떤지 관심을 쏟았다"라는 답변에서 알 수 있는 자질이었다. 사람들은 상사나 동료에게 개인적인 사생활을 이야기하고 싶어 하지 않는다는 통념이 있지만,

그것은 대부분 질문과 더불어 따라오는 간섭 때문이다. 가볍게 안부를 묻는 정도의 친절은 누구나 좋아한다. 배려와 친절은 자비로운 독재자 유형의 '자비로운'을 가리킨다. 즉, 당신이 만약 최고의 리더가 되고 싶다면 늘 팀원을 친절하게 대하고, 업무를 지시할 때 명확한 목표와 가이드를 제시하면 된다.

자비로운 독재자형 리더의 실사례로는 오랜 시간 인텔의 회장을 맡은 앤디 그로브와 메타(구 페이스북)의 창립자이자 대표인 마크 저커버그Mark Zuckerber를 들 수 있다.

그중 그로브는 독재자에 조금 더 비중을 둔 리더였다. 그는 인텔 CEO로 재직하던 시절 함께 일하기 힘든 사람으로 명성이 자자했다. 절대 봐주거나 대충 넘어가는 법이 없었기 때문이다. 심지어 고객사나 하청 업체에도 똑같이 대했다. 그로브는 대부분의 사람들에게 굉장히 직설적으로 말했다. 하지만 인텔 직원들은 그를 아주 좋은 상사로 평가했다. 그가 언제나 사람들의 잠재력을 최대한으로 끌어내주었기 때문이다. 일정을 지키지 못하거나 목표를 달성하지 못하면 크게 질책하는 냉철한 면도 있었지만, 대부분의 직원들은 그로브 덕분에 크게 성장하고 역량을 발휘할 수 있었다고 말했다. 그는 늘 성장할 수 있는 환경을 만들었고 직원들이 승리하도록 도왔다. 언제나 높은 수준의 성과를 내도록 밀어붙였고, 이를 달성한 이에게는 인센티브를 주며 크게 칭찬했다.

한편 아직 젊고 현업에 있지만 마크 저커버그도 훌륭한 리더로 평가받는다. 그의 특징은 질문을 많이 한다는 것이다. 메타 직원들에 따르면 저커버그의 말에서 질문과 답변의 비율은 4대 1이라고 한다. 하는 말의 80퍼센트 정도가 질문이라는 뜻이다. 일장 연설을 하거나 이래라 저래라 지시하지는 않지만 항상 질문을 던지므로 직원들은 늘 답을 준비해야 한다. 하나의 단순한 질문을 던지는 게 아니라 꼬리를 무는 질문을 하는 것으로 유명하다. 이 과정을 통해 그는 직원이 회사에서 어떤 역할을 맡고 있는지, 무엇을 해야 하는지 분명히 인지하도록 돕는다.

좋은 리더는 만들어진다

당신은 어떤 유형의 리더인가? 다행인 것은 피터 드러커는 리더가 태어나기보다 만들어진다고 보았다는 사실이다. 내가 리더십에 대해 공부하며 얻은 가장 중요한 가르침도 이것이다. 리더의 자질을 타고난 사람도 분명 있다. 하지만 그 수는 극히 적다. 반면 훌륭한 리더로 성장할 수 있다는 가능성은 누구에게나 있다.

만약 당신이 결과에 대한 책임을 부하 직원에게 떠넘긴다면, 당신은 신뢰받지 못하는 리더가 될 것이다. 그러나 결과에 대해 책임을 지고 사람들이 중요한 성과를 내도록 충분히 동기를 부여해준다면 직원들도 당신을 믿고 따를 것이다. 당신의 역할은 좋은 성과가 나도록 돕는 것이다. 좋은 사람과 좋은 사람을 연결해서 최고의 성과를 내도록 도우면 된다. 그렇게 일하다 보면 점점 큰 성과를 얻을 것이라 확신한다.

끝으로 전 세계 기업들에게 경영에 대한 조언과 해결책을 제시하는 회사인 그레이트 플레이스 투 워크Great Place to Work에서 말하는 훌륭한 리더의 자질을 전하며 마치고자 한다.

"훌륭한 리더는 구성원을 신뢰한다." 그뿐만 아니라 서로를 신뢰할 수 있도록 관계를 잘 조율할 줄 안다. 믿음을 바탕으로 구성원은 자신을 더 드러내며 아이디어도 두려움 없이 내놓게 된다.

"훌륭한 리더는 모든 구성원들이 회사 내 중요 정보가 잘 공유되고 있다고 느끼도록 한다." 직원들이 닫힌 문 앞에서 소외감을 느끼게 내버려두지 않고, 먼저 다가가 모르는 것을 가르쳐준다. 모든 소식을 회사 전체에 공유한다. 파벌이나 비밀은 그 리더 아래에서는 존재하지 않는다. 젊은 밀레니얼 세대와 Z세대는 특히 공유를 잘하는 리더를 선호한다. 자, 이제 당신은 어떤 리더가 될 것인가?

성장을 이끄는 리더가 되라

성공하는 조직의 리더는 구성원에게 적절한 동기부여를 할 줄 안다. 모든 구성원이 스스로 성장하고 있다고 느끼도록 시스템과 사내 문화를 통해 뒷받침한다.

탁월한 기업이 하는 동기부여
- 구성원 전체가 분명한 목표를 지니도록 한다.
- 명확하게 정해진 일의 기한을 제시한다.
- 일의 성과를 측정하는 객관적인 지표로 평가한다.
- 탁월한 성과에는 확실한 보상을 제공한다.

조용한 퇴사를 막는 방법
- 핵심 가치를 명확히 할 것
- 서로가 무슨 일을 하는지 알게 할 것
- 모두가 무엇을 해야 하는지 알게 할 것
- 지속적인 피드백은 필수
- 리더가 먼저 행동할 것

**핵심 가치, 목표, 기한에 맞추어
업무 계획하기**

___

01 당신의 회사 또는 당신이 추구하는 핵심 가치를 써보라.
   그 가치를 누구나 이해하도록 명료하게 설명할 수 있는가?

02 그 가치를 얻기 위해 달성해야 할 목표를 써보라.
   세 가지로 나누어 구체적으로 작성하라.

03 목표를 달성할 기한을 정하라. 기한에 맞추어 업무를 계획해보라.

10장

성공을 자동화하는
루틴의 힘

"일찍 자고 일찍 일어나는 습관은
사람을 건강하고 지혜롭고 부유하게 만든다."

—벤저민 프랭클린(미국의 정치인, 계몽주의 사상가)

"하루의 첫 시간은
그날의 방향을 결정하는 키와 같다."

—헨리 드러먼드(스코틀랜드의 종교사상가)

나는 시간 관리에 대해 연구하며 이런 이야기를 들은 적이 있다. "시간 관리를 너무 엄격하게 하면 일과 생활 모두가 경직되기 마련이다. 틀에 갇혀 인생의 변화에 유연하게 대처하지 못하고 마음의 여유와 즐거움이 사라진다."

어떤 의미에서 이야기한 것인지 일견 이해되지만 사실 시간 관리를 잘하면 여기서 말한 단점이 모두 상쇄된다. 고민 없이 즉시 실행할 수 있도록 자동화된 일이 많아질수록 몸과 마음에 여유가 생긴다. 인생의 크고 작은 일들이 자동적으로 굴러가면 당신은 새로운 일에 마음을 쏟을 수 있고, 더 많은 목표를 달성할 수 있다.

이를테면 당신은 매일 아침에 눈을 뜨고 고민할 것이다. "아침은 뭘 먹지? 달걀을 먹을까? 프라이? 스크램블?" 만약 매일 아침 먹을 음식을 전날 저녁에 미리 준비해두거나 '아침에는 삶은 계란을 먹는다'처럼 정해진 습관이 있다면 출근 준비 시간은 획기적으로 줄어들 것이다. 이미 몸에 배어 습관이 된 일에는 신경을 덜 쓰고, 더 중요한 일에 신경 쓰고 집중하게 되기 때문이다.

이것은 성공한 사람들의 공통된 특징이다. 그들을 가까이서 지켜보면 생활 패턴을 만들고 그대로 실행해 남는 에너지를 업무에 쏟아 목표 달성에 힘쓴다.

하루를 미리 계획하는 패턴이 한번 자리잡으면 훨씬 더 많은 일을 해내며 동시에 스트레스도 효율적으로 관리된다. 이처럼 규칙적이고 자동적으로 일을 수행하는 습관이나 과정을 '루틴'이라고 하는데 처음에는 루틴 만들기가 몹시 힘들다. 의도적으로 같은 시간에 같은 일을 반복하기가 만만치 않다. 하지만 루틴에 한번 올라타고 나면 어느 순간부터 몸이 먼저 움직이는 게 느껴질 것이다. 귀찮고 하기 싫다는 생각보다 먼저 몸이 반응하는 것이다. 그때부터는 큰 고민이나 노력 없이도 많은 일을 처리할 수 있게 된다.

충분히 숙면하라

모든 성공한 사람에게는 자기만의 루틴이 있다. 나의 경험과 다른 사람의 조언을 바탕으로 당신이 삶에 적용할 만한 루틴을 몇 가지 알려주겠다. 첫 번째는 잠에 관한 것이다. 잠은 단순히 누워서 하룻밤을 보내는 일이 아니라 마음과 뇌, 몸이 휴식을 취하고 재충전하는 과정이다. 휴식의 질, 즉 잠의 질이 당신의 하루에 막대한 영향을 끼친다.

우리는 하루 종일 생각을 거듭하며 문제를 해결하고 결정을 내린다. 훌륭한 생각 하나만으로도 백만장자가 될 수 있고, 사소한 결정 하나가 사업의 판도를 완전히 변화시킬 수 있는 것은 놀라운 사실도 아니다. 명료한 판단으로 작은 문제 하나를 해결해 다른 사람들이 평생에 걸쳐 이룬 것보다 훨씬 더 큰 성공을 거둔 이들도 많다. '미국 건국의 아버지들' 중 한 명으로 꼽히고 100달러 지폐 속 얼굴의 주인공인 벤저민 프랭클린Benjamin Franklin 역시 "일찍 자고 일찍 일어나는 습관은 사람을 건강하고 지혜롭고 부유하게 만든다"라고 말했다.

밤에는 휴대폰과 TV를 멀리하라. 현대인들은 각종 전자기기에 정신이 팔려 잠자리에 들지 않고 밤늦게까지 깨어 있는 날이 부지기수다. 늦게까지 SNS로 새로운 소식을 확인하다 보면 머릿속이 산만해져 숙면을 취하기 어렵다. 뇌가 충분히 쉴 수 있도록 밤 9시 전에는 휴대폰을 끄고 밤 10시 전에는 잠자리에 드는 것을 규칙으로 만들어야 아침 일찍 일어날 수 있다.

미국의 소비 습관 전문가 톰 콜리Tom Corley가 5년간 수백 명의 가난한 사람과 부자들을 연구한 결과에 따르면 저소득층의 77퍼센트는 매일 1시간 이상 TV를 시청했지만, 고소득층의 67퍼센트는 TV 시청 시간이 1시간이 채 되지 않았다. 그들은 꼭 필요한 프로그램만 골라 자신의 스케줄에 맞추어 시청했다. 잠자리에 들기 전에 하염없이 TV 채널을 돌리는 것이 아니라 이동 시간이나 자투리 시간에 잠깐씩 중요한 프로그램만 보는 식이다. 즉, 불필요한 정보를 받아들이는 데 시간을 허비하지 않은 것이다. 숙면을 취하기 위해서는 야식도 먹지 않는 것이 좋다. 식사는 침대에 눕기 3시간 전에 끝내야 한다. 그래야 충분히 소화해 속이 편안한 채로 잠들 수 있다. 잠자리에 들기 전에 무언가를 먹으면 소화를 시키느라 뇌와 위가 끊임없이 일해야 해서 깊은 잠을 방해한다. 무언가를 먹고 잠든 다음 날은 평소와 똑같은 시간을 자도 훨씬 피곤한 상태로 깬 경험이 다들 있을 것이다.

나도 젊었을 때는 늘 저녁 8시나 9시에 식사를 했다. 친구와 밖에서 약속을 잡고 밤 10시나 11시까지 먹고 마시며 놀다가 자정이 다 되어 귀가하는 것이 일상이었다. 그러나 지금 나는 오후 5시나 6시쯤 저녁을 먹고 늦어도 밤 9시엔 잠자리에 든다. 그리고 다음 날 새벽 4시쯤 일어나 일과를 시작하며 아주 생산적인 하루를 보낸다.

TV를 보거나 야식을 먹는 유혹을 뿌리치기 어렵다면 내일 할 일 목록을 작성하는 루틴을 강제해보는 것이 어떨까? 힘들었던 하루에 대한 보상 심리로 나태해지려는 마음을 아직 할 일이 남았다는 의식으로 통제하는 것이다. 잠자리에 누워 내일 무엇을 해야 할지 고민하며 이리저리 뒤척이는 대신 미리 글로 써두라. 이렇게 할 일을 적어두면 의식의 힘을 십분 활용할 수 있다. 당신의 잠재의식과 초의식이 밤새 내일의 할 일과 목표에 대해 생각하고, 아침에 일어났을 때면 전날 고민하던 문제에 대한 훌륭한 통찰이 떠오르기도 할 것이다. 우리의 잠재의식은 슈퍼컴퓨터처럼 자는 동안에도 끊임없이 아이디어를 떠올린다. 과학 분야를 비롯해 창의력을 요하는 큰 발견이나 돌파구가 아침에 막 일어났거나 때로는 한밤중에 잠시 깼을 때 찾아오는 이유도 그것이다. 늘 침대 옆 탁자에 메모지와 펜을 준비해놓고 일찍 잠자리에 들자. 그래야 한밤중에 깨어나 멋진 아이디어가 떠올랐을 때 기록할 수 있다. 나폴레온 힐도 강조했다. "생각을 붙잡아 글로 적어라." 생각은 혜성처럼 날아온다. 그 생각을 붙잡으면 당신의 인생이 180도 달라질 수도 있다.

아침에는 운동하라

내가 매일 아침 실천하는 두 번째 루틴은 운동이다. 전문가들은 저녁 운동보다 아침 운동을 추천하는데 그 이유는 아침에 운동을 하면 규칙적으로 반복할 확률이 높아지기 때문이다. 아침이 아닌 시간에 운동을 하려고 하면 핑계를 대기가 쉽다. 점심 때는 하루 일과 중이라 여유가 없고, 저녁 때는 하루를 마무리하고 피곤해서 그냥 눕고 싶어진다. 혹은 미팅이나 약속이 잡히기도 한다. 그래서 나는 아침에 일어나자마자 15분에서 1시간 정도를 운동에 투자한다. 최소한 스트레칭은 꼭 하고 윗몸일으키기, 스쿼트와 같은 코어 운동에 그날 몸 상태에 따라 유산소 운동을 추가하기도 한다.

시간을 내기가 너무 어렵다면 이 중에서 윗몸일으키기를 추천한다. 윗몸일으키기를 100~200개씩 해보라. 꼭 뱃살을 줄이려는 목적이 아니라 일상을 활기차게 보내는 데 코어 근육이 미치는 영향이 매우 크기 때문이다. 기초 근력이 부족할 경우 윗몸일으키기를 할 때 복근보다 목이 아플 수 있는데 이때는 몸통을 전부 들어올리지 않고 어깨만 바닥에서 들어올려라. 그것만으로도 충분한 효과가 있다. 다만 어깨를 들어올릴 때에도 허리는 매트에서 떨어지지 않도록 꾹 누르는 느낌을 유지해야 한다. 배를 쥐어짜는 듯한 정자세의 윗몸일으키기를 하지 않아도 괜찮다. 일단 시작해서 습관으로 만드는 것이 더 중요하다. 이렇게 코어 운동을 하면 자세가 좋아지고 등과 엉덩이, 무릎과 어깨의 통증이 줄어든다.

시간을 조금 더 낼 수 있다면 몸통 회전 스트레칭까지 할 것을 추천한다(위그왜그wig-wag라고도 한다). 먼저 바닥에 등을 대고 누워 무릎을 모아 세우고 왼쪽 오른쪽으로 번갈아가면서 내린다. 무릎이 매트에 닿는다고 생각하면서 내리고 이때 몸통은 들리지 않도록 강하게 눌러야 한다. 30회 반복했다면 그대로 발을 직각으로 들어서 똑같이 양쪽으로 번갈아 내리기를 다시 30회 반복한다. 이 스트레칭은 목부터 꼬리뼈까지 척추 전체를 회전시키는 운동이다. 몸에 무리가 가지 않고 근육통이 생기지 않는 쉬운 운동이지만 허리를 탄탄하게 해준다. 특히 나이가 들수록 허리 통증을 호소하며 일상 생활에 지장을 느끼는 경우가 많은

데, 척추의 가동성을 높이는 운동을 통해 간단히 해결할 수 있다.

유산소 운동은 체력을 키우는 데 좋다. 심폐지구력이 좋아지기 때문에 일상의 많은 일에도 덜 지치게 된다. 또한 아침에 유산소 운동을 하면 정신이 맑고 예리해지며 창의성이 커지고 활력까지 생긴다. 유산소 운동의 대표적인 예로는 달리기와 자전거가 있다. 나는 유산소 운동을 위해 집에 러닝머신과 실내자전거를 두었다. 시간이 될 때마다 수영장에 가서 왕복 20미터 코스를 몇 바퀴 돌고 오기도 한다.

적어도 일주일에 3~5시간은 운동하기를 권한다. 업무 회의와 마찬가지로 운동도 미리 계획을 세워라. 매달 초에는 월별 운동 계획을 세우고, 매일 잠들기 전에는 다음 날 어떤 운동을 할지 미리 정해놓아라.

가끔 아내에게 이런 농담을 한다. 매일 아침 6시에 저절로 눈이 떠지고 나면 내가 무언가를 해볼 틈도 없이 누군가 내 목덜미를 움켜잡아 수영장에 던져넣는 것 같다고 말이다. 그 정도로 운동을 하는 일이 몸에 배었다는 뜻이다. 수영을 가는 날이면 내가 생각하기도 전에, 눈을 뜨는 순간 몸이 알아서 준비를 하고 수영장으로 향한다. 피곤할 것이라는 편견과 달리 실제로는 이렇게 규칙적으로 운동을 하면 천연 진통제라 불리는 엔도르핀이 분비되어 활력이 넘친다. 어떤 진통제든 계속 먹으면 중독이 되는데, 엔도르핀 중독은 전혀 걱정할 필요도 없다. 오히려 삶의 질을 높여주는 좋은 중독에 가깝다. 엔도르핀은 기분을 좋아지게 하고 서서히 운동에 빠져드게 만든다. 눈뜨자마자 나 자신을 위해 운동하는 순간이 너무 기다려져 일과 중에 갑자기 헬스장으로 뛰어가고 싶은 유혹을 뿌리쳐야 할 정도로 말이다.

책으로 명상하라

아침에 추천하는 또 다른 루틴은 15분 동안의 명상이다. 물론 잠이 덜 깬 상태에서 명상을 하는 것이 쉽지는 않다. 아침 명상을 시도한 사람 중 50~70퍼센트는 다시 잠든 경험이 있다고 하니 얼마나 어려운 일인지 체감이 된다. 사실 명상은 나에게도 아직 어렵다. 활동적인 나에게 가만히 앉아 고요하게 생각하는 것은 고역에 가까웠다. 그래서 나는 독서를 통한 명상이라는 방법을 찾았다. 평소 책 읽기를 좋아했기에 이 방법은 어렵지 않았다. 사색할 수 있는 내용이나 동기부여가 되는 내용의 책을 선택해 읽다 보면 저절로 마음이 차분해지고 생각도 말끔히 정리되는 효과를 느낄 수 있었다. 스코틀랜드의 종교사상가이자 과학자인 헨리 드러먼드Henry Drummond는 "하루의 첫 시간은 그날의 방향을 결정하는 키와 같다"라고 말했다. 하루의 첫 시간, 즉 아침에 무슨 생각을 하는지가 그날 하루의 분위기를 좌우한다. 매일 아침 15~30분 정도 긍정적이고 희망적인 내용의 책을 읽고 다른 일을 시작하라. 나는 운동 후에 커피를 마시며 하루를 시작하는 것을 좋아한다. 이때 책을 읽는데 대개 하루를 힘차게 시작할 수 있도록 마음가짐을 다잡게 하는 것들이다. 손에 펜을 들고 인상 깊은 부분은 줄을 치며 읽고 나면 머리가 맑아지고 비로소 일과를 시작할 준비가 되었다는 기분이 든다. 덤으로 창의성도 훨씬 높아지는 것은 물론이다.

우선순위를 정하라

본격적인 하루를 시작하기 전에는 일의 우선순위를 확인해야 한다. 노트를 펼치고 오늘 날짜와 장소, 10개의 목표를 현재 시제로 적어라. 그리고 목표를 하나하나 보며 무엇부터 해나가야 할지 우선순위를 정하라.

몇 년 전 우선순위 코칭 프로그램을 운영했을 때, 나는 참가자들에게 3개월마다 하루를 투자해 계획과 생산성, 집중력에 관해 내가 내준 과제를 실행하면 1년 안에 소득이 두 배로 늘어날 것이라고 가르쳤다. 만약 효과가 없다면 코칭비를 전액 환불해주고 이후 1년간은 무료로 내 수업을 들을 수 있다고 보장했다.

코칭 프로그램 첫날에는 두 배의 수입을 얻는 법을 소개했다. 모두 이 책에서 다룬 내용들이다. 노트를 하나씩 나누어주고 이렇게 말했다.

"지금부터 이 노트가 여러분의 가장 가까운 친구가 될 겁니다. 앞으로 30일간 매일 아침 일어나 이 노트를 펼치고 10개의 목표를 적으면 됩니다. 어제 쓴 목표를 보고 베끼지 마세요. 새로운 하루가 오면 새 페이지에 다시 시작하는 겁니다. 첫날 적은 목표 중에서 목록에서 빠지는 게 있을 겁니다. 그것들이 중요하지 않기 때문에 오늘 다시 쓰는 걸 잊어버리는 거지요. 어떤 목표는 아래로 내려가고, 어떤 목표는 순위가 오를 겁니다. 점점 더 명확하게 쓰고 점차 그것들을 이루게 될 거예요. 놀라운 일이 일어나기 시작할 거예요."

한 참가자는 금요일에 이 수업을 듣고 당장 실행에 옮겼는데 일주일이 채 지나지 않아 효과가 나타났다. 다음 주 목요일에 이미 올해의 목표 중 몇 가지를 달성했다고 말한 것이다. 그는 상기된 표정으로 도저히 믿을 수 없다고 외쳤다.

"마치 다이너마이트의 기폭장치가 눌린 것 같습니다. 매년 세우기만 하던 목표를 달성했고, 이제는 다른 목표까지 추가하고 있습니다. 모든 일이 믿기 어려운 속도로 진행되는군요!"

10가지 목표를 쓰는 데에는 3~5분밖에 걸리지 않는다. 한 달간 속는 셈 치고 매일 기록하며 무슨 일이 일어나는지 보라. 이미 수많은 사람들이 활용하고 효과를 본 방법인데 대부분의 사람들은 너무나 간단한 방법처럼 보여서 그런지 무시하고 절대로 실천하지 않아 안타깝다. 실제로 코칭 프로그램은 효과가 없다면 전액 환불이라는 슬로건을 내걸었지만 환불 요청이 들어온 적은 지금까지 단 한 번도 없다.

스웨덴에서 태어나 지금은 플로리다대학교 심리학과 교수인 안데르스 에릭슨Anders Ericsson은 말콤 글래드웰이라는 세계적인 작가 덕분에 유명해진 '1만 시간의 법칙' 이론의 창시자다. 그는 20년 이상의 연구를 통해 한 분야에서 전문가나 엘리트 수준의 성과를 내기 위해서는 1만 시간의 노력이 필요하다는 이론을 내놓았다. 그 후 후속 연구도 진행했는데 1만 시간은 누구에게나 통용되는 마스터키가 아니어서 노력의 방법과 질에 따라 결과는 얼마든지 달라질 수 있음을 밝혔다. 다시 말해 같은 시간을 들여도 성취가 다를 수 있다는 것이다.

에릭슨과 연구진들은 소득에 따른 사회경제적 이동성을 살펴보며 왜 어떤 사람들은 더 빨리, 더 큰 소득을 얻는지 연구했다. 그 결과, 성공하는 사람들은 한 번에 한 가지 일에만 집중한다는 사실을 발견해냈다. 이를테면 이런 식이다.

"저는 이 회사에서 정말 가치 있는 사람이 되고 싶습니다. 제가 조직에 이바지하려면 무엇을 해야 할까요?"

상사로부터 어떤 능력과 훈련이 필요한지 물은 뒤, 그들은 저격수처럼 그 기술에 집중했다. 지식이 필요하다면 책을 사서 읽고 시간을 내 관련 강연까지 들었다. 어떤 사람들은 매일 아침마다 테드TED 강연을 들었다. 테드에는 다양한 정보를 제공하고 영감을 주는 시리즈가 수없이 나와 있다. 전문가가 평생을 바쳐 연구해온 중요한 내용을 20분간 압축해 들려준다.

에릭슨이 조사하고 살펴본 500여 명의 CEO들은 모두 이와 같은 전략을 사용했다. 한 번에 중요한 기술 하나를 갈고 닦는다. 1개월이든 1년이든 관련 지식을 찾고, 다른 사람에게 가르침을 얻으며 그 기술이 자신의 것이 될 때까지 반복했다. 그들은 하루에 최소 2시간, 일주일에 평균 10시간씩 자기계발에 투자했다. 나 역시 같은 방식으로 살아왔다. 나는 철이 든 뒤로는 술을 마시러 나가 흥청망청 놀지 않았다. 시간 여유가 생길 때마다 필요한 지식을 찾고 공부하고 배우고 메모했다. 시간은 누구에게나 일주일에 168시간씩 공평하게 주어진다. 그중 10시간을 당신의 분야에서 상위 10퍼센트에 들기 위해 투자할 수 있겠는가? 만약 그렇다면 성공은 보장된 미래다.

아인슈타인은 "복리는 우주에서 가장 강력한 힘이다"라고 했다. 이자 몇 퍼센트는 처음에는 굉장히 작아 보인다. 그러나 거기에 이자가 붙고 또 이자가 붙으면 기하급수적으로 증가한다. 학습도 마찬가지다. 거꾸로 된 피라미드를 떠올리면 이해가 쉽다. 처음에는 보잘것없지만 점점 능력이 커져서 범접할 수 없어진다.

도파민 중독에서 벗어나라

또 다른 성공 루틴은 각종 연락, 알림과 관련이 있다. 아침에 눈 뜨자마자 휴대폰을 확인하지 말라. 간밤에 온 연락과 이메일을 확인하고 싶은 유혹을 뿌리쳐라. 애인이나 친구와 메시지를 주고받는 데 재미를 붙여서 심지어 한밤중에 잠에서 깨어나 메시지를 보내는 사람도 있다.

왜 이렇게까지 하는 것일까? 이런 행동은 중독과 연관이 있다. 이메일이나 메시지가 왔다고 알림이 뜨면 순간적으로 뇌에서 도파민이 분비된다. 현대인은 도파민이라는 단어에 너무 익숙해져 있지만, 도파민은 코카인 같은 나쁜 약물의 자극적인 성분과 비슷한 점이 있다. 사람들은 하루 종일 이메일을 확인하고 휴대폰을 들여다본다. 알림음이 울릴 때마다 자극을 받아 꼭 확인하려고 한다. 한번 시작하면 잠시 연락을 주고받는 것으로는 부족하다. 친구들에게 끊임없이 메시지를 보내고 답장을 받으며 쾌락을 즐긴다. 아침에 일어나자마자 이불 밖으로 나가지 않고 누워서 계속 메시지를 주고받는 행동만으로도 도파민에 중독될 수 있으니 주의해야 한다.

"알코올 중독자들에게 한 잔은 너무 많다"라는 격언이 있다. 알코올 중독 증세를 보이는 사람에게 아주 작은 양의 술이 미치는 악영향에 관한 말이다. 중독자들이 모여 만든 자조 그룹 '익명의 알코올 중독자들Alcoholics Anonymous'이 주로 저녁 7시쯤 모임을 갖는 이유도 아예 술을 입에 대지 못하게 하기 위함이다. 딱 그 시간이 사람들이 술을 마시기 시작하는 시간이기 때문이다. 자조 모임에 나가 2~3시간 정도 이야기를 나누다 보면 저녁 시간이 지나가고 그 상태로 집에 들어가면 바로 잠들 수 있다. 도파민도 알코올과 비슷하다. 일단 시작하면 온종일 휴대폰 알림에서 벗어나질 못한다.

미국의 성인을 기준으로 했을 때 하루 평균 145회 이메일을 확인한다고 한다. 대학생들은 더욱 그 빈도가 잦아서 1시간에 평균 18회 이메일과 SNS를 확인한다. 귀에 무선 이어폰을 꽂고 휴대폰을 들여다보며 이동하므로 단 하나의 알림음도 놓치지 않는다. 연락처 목록에서 지인마다 알림을 달리 설정해놓아 소리만 듣고도 '아, 수잔의 전화네'라고 순식간에 알아채는 이들도 있다. 이런 식으로 온종일 자극 상태에 머무르므로 좀처럼 중요한 일에 집중하지 못하는 것은 당연한 일 아닐까?

지나치게 도파민을 추구하는 행위는 일상을 무너뜨린다. 만약 불필요한 것에 시간을 낭비하지 않고 아침부터 집중력을 발휘해 쉬지 않고 일해서 중요한 과업을 달성할 수 있다면 당신의 인생은 완전히 달라질 것이다. 뇌의 신경가소성에 따라 도파민을 쫓던 신경회로에도 변화가 생길 것이다. 반복을 통해 완전히 새로운 행동과 사고방식이 자리 잡는다. 지난 10년 동안 신경과학이 크게 발전함에 따라 뇌과학자들은 우리의 뇌가 80~90세까지 무한하게 변할 수 있다는 사실을 발견했다. 새로운 정보를 습득할 때마다 뇌는 새로운 신경회로를 만들어 우리의 생각, 반응, 행동이 달라지게 한다. 한마디로 어떤 일을 반복적으로 함으로써 뇌의 구조와 생각을, 더 나아가 인생을 극적으로 변화시킬 수 있다는 것이다.

세계적인 시간 관리 전문가들은 사람들의 커리어가 휴대폰과 연락에 대한 집착으로 인해 망가질 수 있다고 경고한다. 그들은 "안 됩니다. 만지지 마세요. 치우세요"라고 조언한다. 세계적인 심리치료사이자 『영혼의 돌봄』(아침영성지도연구원, 2007)의 저자 토머스 모어Thomas Moore가 제안한 마음을 돌보는 가장 중요한 규칙은 '멈추는 것'이다. "TV와 노트북을 끄고 휴대폰을 내려놓아라. 모든 일을 멈추어라. 그리고 침묵을 만들어라."

기업가이자 성공적인 투자자 팀 페리스Tim Ferriss는 생생한 자신의 경험을 바탕으로 『나는 4시간만 일한다』(다른상상, 2017)라는 책을 펴냈다. 그는 처음에는 하루 14시간, 일주일에 7일 내내 일했다. 일의 습관을 분석해보니 일하면서 각종 이메일을 계속 확인하느라 시간이 오래 걸렸음을 알아채고 나중에는 일주일에 한 번만 이메일을 확인했다. 그 후 집중하는 시간이 길어졌고, 이전보다 적게 일하고도 수입은 세 배로 늘었다. 이제 그는 해마다 3~4개월간 긴 휴가를 즐기며 전 세계를 여행하고 새로운 언어와 문화를 탐구하면서도 그 어느 때보다 많은 수입을 얻는다. 팀 페리스는 전문 비서를 두어 이메일 업무를 처리하게 했다고 설명했다. 모든 이메일은 필리핀에 있는 비서에게 전달된다. 자주 들어오는 질문 목록을 만들어 비서가 처리하도록 했고, 긴급한 메일만 그에게 전달하도록 만들었다. 그리고 시간이 지날수록 비서가 처리할 수 없어 자신에게 오는 이메일은 점차 줄어들고 있다고 했다.

건강한 식습관을 들여라

식사를 잘 하는 것은 생각보다 중요하다. 단, 입이 즐거운 순간

만을 쫓지 말고 음식이 몸과 컨디션에 미치는 영향에 대해 깊이 고려해야 한다.

성공을 위한 식습관은 세 가지 하얀 음식을 줄이는 것이다. 바로 설탕, 밀가루, 소금이다. 미국심장협회에 따르면 미국의 평균 설탕 섭취량은 하루에 17티스푼, 즉 70그램으로 권장량의 두 배가 넘는다. 연간으로 계산하면 매년 25킬로그램에 달하는 설탕을 섭취하는 셈이다.

미국의 생화학자이자 식이조절 전문가인 배리 시어스^{Barry Sears}는 『더 존^{The Zone}』이라는 책에서 획기적인 체중 감량법을 소개하며 바쁜 사람들의 식이조절을 도왔다. 그는 설탕이 많이 든 콜라, 에너지드링크, 베이컨이 들어간 토스트 등 화학첨가물이 들어간 음식을 먹는 대신 깨끗한 음식으로 구성된 식단을 유지할 것을 권했다. 특히 아침에는 에너지를 제공받기 위해 완벽히 균형 잡힌 식사를 추천했다.

대부분의 현대인들은 바쁜 생활로 인해 아침을 잘 챙기지 못하는데, 아침에 섭취하는 음식은 그날의 컨디션에 종일 영향을 미친다. 즉, 바쁘다는 이유로 아침을 먹지 않는 것은 차에 빈 연료탱크를 싣고 출발하는 것이나 다름없는 것이다. 무엇으로 탱크를 채우는지가 하루의 질을 크게 좌우한다.

달걀 같은 고단백 음식과 과일, 현미, 감자, 단호박 등 복합탄수화물로 하루를 시작하라. 이것들은 오전에 5시간 연속으로 달릴 충분한 에너지가 되어줄 것이다. 점심으로는 단백질이 많이 포함된 닭가슴살, 생선, 두부 샐러드를 추천한다. 각종 빵과 케이크를 비롯한 탄수화물은 피하고, 콜라도 금물이다. 건강한 고단백 샐러드를 챙겨먹으면 오후에 식곤증에 시달리지 않고 5시간 동안 더 힘차게 일할 에너지가 생긴다. 신선한 과일과 채소를 많이 먹는 습관을 기르면 하루 종일 활기를 유지할 수 있다.

베리 시어스는 빵, 파스타, 쌀, 감자 같은 알칼리성을 띠는 탄수화물과 소고기, 닭가슴살, 달걀과 같은 산성을 띠는 단백질을 함께 섭취하면 소화가 어렵다고 했다. 탄수화물과 단백질을 분해하기 위해 각각 산성 소화액과 알칼리성 소화액이 분비되는데 산성과 알칼리성은 만났을 때 중화된다. 따라서 더 많은 소화액이 필요하고 결론적으로 더 많은 혈액이 필요해진다. 이것저것 먹고 나서 속이 더부룩한 이유도 이 때문이다.

점심으로 무언가를 과하게 먹고 오면 오후에 효율이 나지 않는다. 이를 피하기 위해 아침을 꼭 챙겨먹고 점심으로 단백질과 복합 탄수화물, 과일과 채소 등 건강한 식단으로 채워야 한다. 건강하게 먹는 습관이 들면 뇌의 기능도 크게 향상되어 생산성이 올라가는 것은 물론이다.

주변 사람에게 애정을 쏟아라

마지막으로 권하고 싶은 루틴은 주변 사람들과 건강한 관계를 유지하는 것이다. 기쁨은 부나 명예에 있지 않다는 사실을 깨달

아야 한다. 진정한 기쁨은 돈, 자동차, 요트에서 나오지 않는다. 명예와 칭찬에서 오는 것도 아니다. 이것들을 관객이 빠져나가고 당신이 홀로 무대에 남는 순간 안개처럼 사라진다. 성취에는 아주 잠깐의 기쁨만 따를 뿐이다.

우리가 삶에서 누리는 기쁨의 80퍼센트는 사람과의 관계에서 온다. 타인과 이야기하고, 즐겁게 웃고, 더불어 살아가고, 누군가의 삶의 일부가 되는 데에서 기쁨을 느낀다. 아이들이 건강히 자라는 모습을 지켜보고 배우자와 함께 가치관을 맞추어가는 시간을 소홀히 하지 말라. 일할 때 다른 것에 신경 쓰지 말고 일만 하라고 조언했듯이 가족과 시간을 보낼 때도 온 마음을 다하라. 그 시간에 회사에 보낼 이메일, 내일 해야 하는 보고를 떠올리며 스트레스받는 것처럼 어리석은 일은 없다. 얼굴을 맞대고, 마음을 맞대고 그 순간에 충실해야 한다. 함께 시간을 보낸다는 것은 서로 마주 본다는 의미다. 누군가는 주방에서 요리를 하고 누군가는 거실 소파에 누워 있다면 함께 시간을 보내는 것이 아니라는 뜻이다. 주방에서 함께 맛있는 저녁을 만들고, 침실에서 도란도란 이야기를 나누는 것이 정말로 함께 시간을 보내는 것이다.

가족뿐만 아니라 친구도 마찬가지다. 사람을 대하고 관계를 쌓을 때는 내 성과를 늘어놓기보다 상대방에게 질문을 던져라. 오늘 하루는 어땠는지, 요즘 고민이나 생각거리가 있는지 물어라. 시간을 내어 귀를 기울이고, 질문하고, 서로 인내심을 보이는 것, 이것이 사람과 사람 사이에 가장 필요한 태도다. 관계의 가치를 높이는 방법은 더 많은 시간을 투자해 서로 속마음을 터놓는 것이다.

아동심리학자들의 연구에 따르면 아이의 성격은 가족이 둘러앉은 저녁 식탁에서의 대화로 결정된다. 저녁식사 자리의 분위기가 아이가 어떤 어른으로 자랄 것인지 좌우하는 아주 중요한 변수라는 것이다. 이 연구 결과를 들은 후 나는 항상 가족들이 집에 모여 함께 저녁을 먹었다. 내가 출장 중일 때는 아내라도 꼭 아이들과 함께 저녁을 먹으며 서로의 하루에 관해 이야기했으면 좋겠다고 권했다. 아내도 내 말에 동의해 우리 아이들은 늘 가족과 함께 저녁을 먹었고, 성인이 되어 독립한 지금까지도 원만한 성격으로 좋은 인간관계를 유지하고 있다.

가족과 함께 집에 있을 때는 절대 TV를 켜놓지 말라. 우리의 신경은 늘 자극적인 곳으로 향한다. TV를 켜놓으면 가족들이 아니라 TV 화면으로 시선이 간다. 혼자 있을 때 TV를 보다가도 가족이 들어오면 꺼야 한다. 나는 집에서 무언가 집중해서 읽다가도 아내나 아이들이 들어오면 곧바로 내려놓고 그들에게 집중한다. 마치 지금이 함께 보내는 마지막 순간인 것처럼 말이다.

관계 전문가이자 뛰어난 연설가인 게리 스몰리Gary Smalley는 한 강연에서 요즘 사람들이 가족의 소중함을 잘 모르는 것 같다며 이런 이야기를 했다. "당신이 퇴근하고 집에 가다가 길에서 우연히 고등학교 동창과 마주쳤다고 해봅시다. 꽤 친했지만 다른 대학을 다니며 자연스레 멀어지게 된 친구를 떠올려보세요. 몇십 년 만에 만나니 학창 시절에 도서관에서 함께 공부했던 기억, 파티에 갔던 추억이 새록새록 떠오르며 몹시 반가울 겁니다. 서로 길에서 가볍게 안고 안부를 물으며 한참 이야기를 나누겠지요. 요즘 어떻게 지내는지, 무슨 일을 하는지, 어디에 사는지 묻고 연락처를 교환해 조만간 만날 약속도 잡고 말입니다. 당신은 그와 헤어지고 "이렇게 반가운 일이!"라고 생각하며 입가에 미소를 띤 채 집으로 향합니다. 그러나 집에 도착해서는 가족들의 얼굴을 제대로 보지도 않은 채 이렇게 말하겠지요. "오늘 저녁은 뭐야? TV 리모컨은 또 어디로 갔어?"

너무 많은 이들이 몇십 년 만에 처음 마주쳤고 앞으로 평생 다시 볼 일 없을지도 모르는 사람을 한집에 사는 가족보다 더 소중히 여기고 다정하게 대하고 있다. 출근하고 퇴근할 때마다 배우자와 아이에게 반갑게 인사하고 환한 미소를 지어라. 당신이 최우선으로 생각해야 할 사람은 길에서 우연히 마주친 사람이 아니라 늘 곁에 있는 가족, 매일 마주치는 동료, 가까운 친지들이다.

나는 첫 아이가 태어난 뒤 관계의 소중함을 더 절실히 깨달았다. 내가 가장 소중히 여기고 늘 함께해야 할 대상은 곁에 있었다. 그래서 주변에 감사와 사랑, 소중함을 표하는 법을 꾸준히 연습해왔고 지금까지 매일매일이 행복했다. 작은 관심과 긍정적인 말 하나만으로도 주변 사람들과의 관계는 눈에 띄게 좋아지기 마련이다. 당신이 관계를 소중히 여기면 매일이 기쁨으로 가득할 것이다.

멈춤 없이 성장할 당신에게 건네는 마지막 조언

이제 이 책을 덮을 시간이 얼마 남지 않았다. 지금까지의 내용을 실천하기 위해서는 마음가짐의 변화가 필요하다. 당신을 움직이게 할 마지막 당부를 하면서 이 책을 마치고자 한다.

첫째, 당신이 더 나아져야만 당신의 삶도 나아진다. 당신의 잠재력에는 한계가 없다. 유일한 한계는 당신의 사고방식이다. 당신의 상상력이 무한하다면 당신은 더 좋은 사람이 될 수 있다. 사람들은 때로 성장 가능성을 보고 직장을 택하기도 한다. 매일 성장한다고 느낀다면 적은 급여를 받으면서 기꺼이 일하기도 한다. 미래를 상상하기 때문이다. 매일 나아가고 있다는 감각을 섬세하게 느껴라. 더 나은 내일을 위해 더 크게 상상하라.

둘째, 과거의 실패는 중요하지 않다. 중요한 것은 미래다. 걷잡을 수 없는 스트레스와 불행은 모두 과거의 실패에 얽매일 때 발생한다. 바꿀 수 없는 일을 걱정하는 것은 시간 낭비에 불과하다. 우리가 할 수 있는 일은 그 사건에서 교훈을 얻고 책임을 받아들이는 것뿐이다. 어디로 나아갈지 고민하고 방향을 설정하라. 차라리 무언가가 되거나, 무언가를 하거나, 무언가를 가지고 싶다고 끊임없이 열망하라. 화가 나고 짜증이 나는 대신 에너지가 생기고, 창의성이 샘솟고, 뇌에서 엔도르핀이 분비될 것이다.

셋째, 당신은 무엇이든 배울 수 있다. 나는 구멍난 낡은 신발을 신고 쪽방에서 살던 가난한 시절 우연히, 사람은 무엇이든 배울 수 있다는 사실을 깨달았다. 당시 나에게는 돈도 경험도 미래도 없었다. 하지만 배울 수 있다는 사실을 깨닫자 내 인생은 완전히 새로운 흐름을 타기 시작했다. 배워야 하는 것이라면 무엇이든 배울 수 있었고, 배움에 대한 열정을 원동력 삼아 계속해서 앞으로 나아갔다. 배우면 배울수록 더 많이 익힐 수 있었다. 새로운 지식을 습득하니 점점 더 똑똑해지는 기분이었다. 뇌가 활성화되면서 신경가소성이 점점 강해졌던 것 아닐까?

당신은 수입을 늘리기 위해, 인기를 얻기 위해, 인생의 승자가 되기 위해 효과적인 기술을 익힐 수 있다. 당신이 동경하고 부러워하는 사람들도 처음부터 그런 능력을 지니고 있던 것은 아니다. 지금 당장 필요한 기술과 능력이 무엇인지 알아내고 그것을 익히는 것을 목표로 삼아라. 글로 쓰고, 계획을 세우고, 첫걸음을 내딛으며 매일 성공 경험을 쌓아라. 당신이 위대한 목표를 이루지 못하도록 가로막는 방해물은 오직 당신뿐이다.

성공을 자동화하는 루틴의 힘

매일 반복하는 하루 일과를 자동화해 몸에 익숙하게 만들어 두면 정신과 생각은 새로운 아이디어에 집중해 더 큰 성과를 낼 수 있다. 업무시간 관리뿐만 아니라 삶의 질을 높여주는 건강한 루틴을 만들어보라.

성공이 자동으로 따라오는 7가지 루틴

- 충분히 숙면하라. 휴식이 당신을 부자로 만든다.
- 아침에 운동하라. 규칙적인 운동은 엔도르핀 분비로 활력을 주고 체력을 키워준다.
- 책으로 명상하라. 긍정적인 글로 하루를 시작하라.
- 우선순위를 정하라. 매일 가장 중요한 일부터 실행하라.
- 도파민 중독에서 벗어나라. 이메일 확인과 휴대폰 알림으로부터 멀어져라.
- 건강한 식습관을 유지하라. 내 몸의 연료를 채우는 일이다.
- 주변 사람을 소중히 여겨라. 성취에는 아주 잠깐의 기쁨이 따르지만 관계에는 평생의 행복이 달려 있다.

01 당신이 매일 하고 있는 루틴은 무엇인가?

02 그중에서 버리고 싶은 루틴이 있는가?
있다면 이유와 함께 적어보라.

03 지금 하고 있지 않지만 매일 하고 싶은 루틴은 무엇인가?
이유와 함께 적어보라.

04 3번의 루틴을 실천하기 위해 필요한 것에 대해 써보라.

행동하지 않으면 인생은 바뀌지 않는다

1판 1쇄 발행 2024년 11월 19일
1판 10쇄 발행 2025년 3월 7일

지은이 브라이언 트레이시
옮긴이 정지현
발행인 박명곤 **CEO** 박지성 **CFO** 김영은
기획편집1팀 채대광, 이정미, 백환희, 이상지
기획편집2팀 박일귀, 이은빈, 강민형, 박고은
기획편집3팀 이승미, 김윤아, 이지은
디자인팀 구경표, 유채민, 윤신혜, 임지선
마케팅팀 임우열, 김은지, 전상미, 이호, 최고은

펴낸곳 (주)현대지성
출판등록 제406-2014-000124호
전화 070-7791-2136 **팩스** 0303-3444-2136
주소 서울시 강서구 마곡중앙6로 40, 장흥빌딩 10층
홈페이지 www.hdjisung.com **이메일** support@hdjisung.com
제작처 영신사

ⓒ 현대지성 2024

"Curious and Creative people make Inspiring Contents"
현대지성은 여러분의 의견 하나하나를 소중히 받고 있습니다.
원고 투고, 오탈자 제보, 제휴 제안은 support@hdjisung.com으로 보내주세요.

현대지성 홈페이지

이 책을 만든 사람들
기획 이승미 **편집** 이상지, 이승미 **디자인** 임지선